会社をつぶさない

社長の選択

VS

VS

VS

500社以上を経営危機から救った
〝倒産させない〟税理士
松岡靖浩

かんき出版

はじめに　知っているだけで、会社がつぶれない選択がある

「知りませんでした」「無知でした」「そんなことできるのですか……」

この1年、経営難に直面する経営者向けの個別相談を100件以上行う中で、聞いてきた言葉です。その後には、「もっと早く知りたかったです。そうすればこのような状況になっていなかったですよね、今からでもどうにかなりますか？」と続きます。

そのたびに、「ほんと、もったいないな」と心の中で思っていました。

そのような経営者を一人でもなくしたい、その思いから筆をとりました。

私は「倒産させない会社を作ること」をミッションに、30年以上にわたって、税理士として経営者の方々とお付き合いしてきました。

みなさんは、経営者からのご相談で、一番多い言い回しはなんだと思いますか？

正解は、「右に行こうか左に行こうか……私は右に行こうと思っているけど、松岡さんはどちらがいいと思いますか？」というもの。**どちらが自分の会社にとってメリットがあるのか、プロの目から判断を仰ぎたい**と言うのです。

経営者はあらゆる局面で「どちらにするか」という「**選択**」に迫られます。ほとんどの方は、心の中ではどちらを選ぶか決めていますが、それが本当に正しいのか、背中を押してほしいのです。もし私が反対のことをすすめるのであればその理由を知り、自社にとってメリットの多い選択をしたいのです。

「**選択**」、つまり方向性が決まればあとは意思決定をして前進するだけです。

本書は数多くの経営者とお話ししてきた中から、ご相談の多かった53の「選択」をピックアップしました。各項目につながりはありませんので、気になる項目から読み進めていただけます。

読み終えるころには、経営を左右する「選択」に迫られても自信を持って意思決定できるようになり、経営者として成長した自分を実感できることでしょう。

第1章 起業時の選択

第2章

経営戦略の選択

第3章

税務の選択

第4章

資金繰りが悪くなったときの選択

第5章 つぶさない社長の選択

ブックデザイン：大場君人
DTP：ニッタプリントサービス
編集協力：伊藤聰

※本書は原則として2024年1月時点の情報を元に執筆しています。
今後、法律や制度が変わる可能性があることをご了承ください。
※紹介する事例は、守秘義務や個人情報保護の観点から、若干の
変更を加えている場合があります。

第1章

起業時の選択

個人事業主として働く

VS

法人を作る

近年、企業の働き方改革により副業をする方が増えてきました。コミュニティの運営やSNS、動画配信など、これまでよりも働き方の間口も広がり、勤め先を退職して起業するケースも増えています。

では、これまで会社勤めだった方が起業する場合、個人事業主として仕事をしていくべきか、それとも法人を作り会社として事業を経営していくべきなのか、はたしてどちらがいいのでしょうか？

結論から言うと、**新しく事業を立ち上げる場合には個人事業主として起業するほうがいい**と私は考えています。収益の安定化や事業の先行きが気になりますし、法人はいつでも作れるため、**まずは個人事業主として様子を見ながら事業を軌道に乗せていくことがおすすめです**。

逆に言うと、**事業の見通しがしっかりと立っているのであれば、会社として事業を経営していくほうが信用力や税金面での恩恵が大きい**ため、個人事業主ではなく最初から法人を作るほうが望ましいです。

個人事業主で事業を行うなら、青色申告の選択を

個人事業主の場合、最初に確定申告を白色申告にするか青色申告にするかを選択する必要があります。

結論としては、**青色申告で申告したほうが圧倒的にメリットが大きいです**。青色申

告には節税につながる特典がたくさんあり、**起業するのであればこれを使わない手はありません**。ですので、開業届を税務署に提出し、それと一緒に青色申告の承認申請書を開業日から2カ月以内に必ず提出してください。

ちなみに、よく「白色申告で帳簿をつけずに気軽にやりたい」と言う方がいらっしゃいますが、**白色申告者が帳簿をつけなくていいのは一昔前の話です**。現在は白色申告でも帳簿は必要です。どちらにせよ帳簿が必要なのであれば、白色申告よりも青色申告で帳簿を作成し、青色申告のメリットを享受したほうが賢い選択と言えるでしょう。青色申告での具体的なメリットについては、第3章にて詳しくご紹介します。

法人は信用力のメリットが大きい

法人のメリットとして一番に挙げるなら、**信用力の大きさ**です。

とくに取引先が大きな企業や上場企業などになると、個人事業主のままでは取引できないと言われるケースは多々あります。私の顧問先でも、上場企業の取引先から「個人事業主のままですと、ちょっと取引は難しいですね」と言われ、わざわざ個人事業主から会社を設立したケースがあるくらいです。

どれほど売上が大きかったとしても個人事業主のままだと信用力が低く、上場企業などの取引先からは口座を開いてもらえないというリスクがあるため、規模の大きな会社と取引の可能性がある場合には、早い段階で法人化を検討すべきです。

700万円を目安に法人化を検討してみよう

次に、税金面から法人のメリットについて考えてみましょう。

個人事業主として売上が上がってくると、それに比例して事業所得が多くなり、所得税も高くなってきます。フリーランスや個人事業主の方で、ある程度の売上が上がると、「どの程度の所得から法人化すると税金面で得になるのか?」「法人化したほうがいいのか?」と相談に来られるケースは非常に多いです。

このような相談をいただいた場合、私は**大体700万円を超えてくるタイミングで**

法人化を検討すべきだとお伝えしています。

これには法人税と所得税の税率が関係してきます。中小法人の場合は法人税と事業税・住民税、これらを合わせ、所得ごとに25～45％の範囲で税金がかかってきます。たとえば700万円の所得の場合、**法人だと約25％**の税金がかかります。一方で個人事業主の場合、700万円の**所得税率は住民税と合わせると33％**です。

また、法人の場合は800万円を超えても**税率は最大で40％程度**ですが、個人事業主の場合は累進課税により、**所得税と住民税を合わせると最大で55％の税率**となり、**法人よりも個人事業主のほうが明らかに税金が高くなる仕組み**になっているのです。

これを考えると所得が800万円を超えるなら、確実に法人のほうが税金面でメリットが大きいことがわかりますね。

また、法人の場合、経営者も会社員のように会社から給与を受け取れます。つまり経営者に給与を支払った後に残った利益を会社の所得として計算するということです。個人事業主の場合は、事業所得がすべて個人の所得として計算されますから、**会社と個人で分散することができる法人は、節税という点で有利に働く**と言えます。

とくに給与の場合は「給与所得控除」もあり、収入額によって一定の金額を給与から控除して所得を計算するため、**同じ所得であっても個人事業主よりも所得税が低く抑えられます**（会社員は個人事業主のように経費が認められないため、収入額に応じて給与所得控除が認められています。**給与所得控除は会社員の経費みたいなもの**だと考えておくとわかりやすいかもしれません）。

厚生年金加入のメリット・デメリットとは？

法人と個人事業主では老後の生活においても大きな違いが出てきます。中でも一番大きく変わるのが年金ではないでしょうか。

個人事業主の場合、厚生年金には加入することができず、国民年金にしか入れません。国民年金の場合、満額かけたとしても、もらえる金額は月々7万円程度です。

一方で法人になると、厚生年金に加入することになるため、国民年金と合わせ月々20万円程度の支給があります。この年金額の差を見ると、厚生年金に加入できたほうが将来の心配も少なくなりますよね。

ただ、この厚生年金の加入に関してはメリットばかりではありません。もらえる金額が多いということは、当然掛金も高くなるので金銭的な負担が大きいのです。

たとえば月給50万円の方の場合、社会保険料の天引き額は約15％の7万5０００円です。これは会社と個人で折半しているため、会社負担も7万5０００円になります。つまり、会社から毎月15万円が引き落とされるということです。

当然、会社負担分は経費として計上することができますが、それでも会社にとっては大きな支出となります。法人の場合、厚生年金は強制加入ですから、会社の経営状況によっては資金繰り悪化の原因にもなり得ますし、最悪の場合、社会保険料が払えなくなり、資産を差し押さえられるケースも考えられるのです。

ただ、この社会保険料の負担を減らすための方法もあります。**事前確定届出給与**の届けを提出するという方法で、とくに年収が１０００万円以上の場合に有効です。

中小企業で年収１０００万円以上となると、役員の方がほとんどだと思います。法人では、原則的には役員に賞与を支払っても経費になりませんが、**あらかじめ決められた金額を、所定の時期に支給すると定めて事前に税務署に届け出ることによって、役**

員の賞与を経費にできます。この届出が「事前確定届出給与」です。

では、具体的にどれくらい安くなるのか、年収1200万円の場合で見ていきます。「月収100万円」で支払うと、会社負担額は約15%なので、月15万円。1年で15万円×12カ月=180万円です。

これを、「月収30万円、賞与840万円」としてみます。会社負担額は、月収30万円の15%として、4万5000円×12カ月=54万円。賞与840万円の会社負担額は、上限があるため約15万円。つまり、54万円+15万円=69万円。

よって**180万円−69万円=111万円の社会保険料の減額**が可能になります。

なお、社会保険料が111万円分減額される一方で、法人所得が111万円出てきますので、これの約30%は、法人税等で支払わなくてはなりません。ただし、法人が赤字の場合には法人税等の負担がなくなるため、丸々キャッシュが残ります。

ANSWER ▼

法人化は経営面、税金面と老後の面から判断しよう。

株式会社 VS 合同会社

「会社」と聞くと、株式会社が頭に浮かぶ方が多いと思いますが、会社の形態は株式会社だけではありません。合同会社・合資会社・合名会社など、株式会社の他にもさまざまな形態の会社が存在しています。

ちなみに、以前は有限会社もありました。２００６年に商法の大幅な改正とともに「会社法」が施行され、有限会社がなくなり、新たに合同会社という法人の形態が設けられることとなったのです。そのため、現在は有限会社での会社の設立はできなくなっており、代わりに合同会社が設立できるようになっています。

合資会社・合名会社は少し特殊な形態のため、あまり設立する方がいないこともあり、現在は起業する方のほとんどが株式会社か合同会社のどちらかを選んで会社を設立しています。

では株式会社と合同会社、どちらを選択するのがいいのでしょうか？

設立コストを考えるなら、合同会社

私も何社か合同会社を持っていますが、株式会社と違うのは**設立費用がとても安い**という点が挙げられます。登録免許税が安いため、司法書士に頼めば10万円程度で合同会社を作ることができます。

また、株式会社のように重任登記※という概念がないため、「重任登記し忘れた」と過料が科される心配もありません。よって、設立後のコストもほとんどかからないため、身内でコストをかけずに経営をするにはいいのではないでしょうか。

※重任登記とは…株式会社の場合は、立ち上げ時に定款で役員の任期を定めます。通常は最長の10年にすることがほとんどです。そこで、設立から10年後の任期満了のタイミングで、「引き続き、同じ者が役員をします（重任）」という登記をしなければなりません。もし登記をしないと、過料が科されます。また、そのまま放っておくと、裁判所から職権で「みなし解散」をさせられます。この重任登記の費用は、登録免許税と司法書士への報酬で、3万5000円前後が必要です。

一方、株式会社の場合ですと、自分で設立しても実費だけで20万円以上はかかります。登録免許税が15万円と高額なのです。

それを考えると、司法書士に依頼して設立してもらったとしても、合同会社なら10万円くらいで会社として設立できるので、コスト面のメリットが非常に大きいです。

信用面を考えるならば株式会社

ただ、**信用面で考えるならば、株式会社のほうが圧倒的に有利です。**

最近は設立件数が増えてきたこともあり、合同会社も目にする機会は多くなりましたが、それでも株式会社に比べると社会的な知名度は低く信用度が劣ります。大きな企業であれば、株式会社としか取引しないというところもあるため、取引に制限がかかる可能性も否めません。

また最近は新型コロナウイルスの流行による行動制限もほぼなくなり、リアルで人と会う機会が増えてきました。私も仲間の交流会や異業種交流会に参加し、名刺交換することが多くなってきましたが、やはり「株式会社○○　代表取締役……」と書いてあると、ちょっと印象は変わると思います。

逆に、**取引相手との信用面に関係のないような商売をしているところなどは、合同会社は向いている**と言えます。

たとえばラーメン屋など、屋号でビジネスしている飲食店などがいい例です。食べに来るお客様に名刺を配って営業するわけでもありませんから、合同会社のデメリットである信用面に関係なく、会社を運営できます。

また、有限責任であることも安心材料の一つです。

どちらを選ぶかはケースバイケース

最近ではインボイス制度の関係で法人を設立するケースが増えてきました。

以前は消費税を払うことになるならば、まずは個人事業主として2年間事業を行い、その後に法人を設立して2年間事業を行えば、4年間は消費税の課税事業者になりませんでした。

しかし、インボイス制度が導入されたことで、「個人事業主を経ずに最初からインボイスに登録して法人として動く」という選択肢も出てきたのです。とくにフリーランスの方がこれに当てはまります。個人事業主よりも法人のほうが信用力があるため、法人として事業を行っていきたいと考えるようになり、その中でコストのかからない合同会社を選択するケースが増えているという印象です。

株式会社と合同会社ではどちらもメリット・デメリットが存在しますが、単に会社の形があればいいというのであれば、最初は株式会社を作らず、設立コストのかからない合同会社から始めるという判断もありだと私は考えます。

合同会社の場合、組織変更を行って株式会社に変えることも可能なため、業績が上がってから株式会社に変更するという選択も検討の余地があります。

一方で、事業として信用面が重視されるのであれば、最初から株式会社を選択したほうがいいでしょう。

事業を運営する上でどちらがいいのか、しっかりと見定めてメリットが大きいほうを選択していくようにしてください。

ANSWER
▼

事業の特性に合わせて、メリットの大きいほうを選択しよう。

ジョイントベンチャー VS 共同経営

ジョイントベンチャーと共同経営、どちらも仲間内で「一緒にビジネスやろうぜ」と集まって事業を始めるという点で、似たような部分がありますが、この両者にはかなり大きな違いがあります。

まず、**ジョイントベンチャーはそれぞれが仕事でつながっているというイメージ**がわかりやすいかもしれません。一つの事業やプロジェクトがあった場合に、各々がその事業やプロジェクト単位でつながり、それが終わったら解散する。そんなビジネスの形態です。

一方で**共同経営とは、一つの会社があった場合にその会社の中に複数の経営者が存在し、それぞれが対等な立場として会社を運営する。**そんなイメージです。

これは私の経験上の話ですが、**共同経営でうまくいくケースはほとんどありません。大抵の場合、失敗で終わります。**

大学での友達同士で起業したり、中学の同級生と店を出したりなど、共同経営の例は枚挙にいとまがありません。しかし多くの場合、最初は協力し合って事業を始めるものの、段々とズレが生じて、最終的には仲違いして終わってしまいます。

仲違いの理由はさまざまで、売上が上がっていけば取り分で揉め、事業がうまくいかなくなると誰が負債を負うのかで揉めます。事業がうまくいってもいかなくても、必ずと言っていいほど共同経営では揉めるのです。

これが、力関係がはっきりしているような関係ならばいいのです。大抵の場合、立場が強いほうの判断が優先されるからです。

しかし対等の立場となってしまうと、意見が分かれたときに対立し、最終的にどちらかが折れたとしても軋轢は生まれてしまいます。そうなると最終的には袂を分かつしかなくなってきますから、どうしても長く続けることが難しいのです。

一方で、ジョイントベンチャーはどうでしょうか。

最近のジョイントベンチャーの主流は、**一人社長のような形で会社を作り、自分の仲間たちと業務委託契約を結びながら一緒に仕事をする**という形です。

同じ会社で一緒にやるのではなく、**それぞれが個人事業主または会社として付き合っていくのです**。この場合は仕事でつながる形なので、会社の方向性の違いなどはなく、非常にいい距離感で関係が保てます。

私の顧問先のとある一人社長は、年商が4億円もあるにもかかわらず、仕事を一人で切り盛りしています。その会社はすべてが外注や業務委託で動いているため、組織形態を見るとバラバラに感じますが、しっかり一つのチームになって組織的に動いています。

チームを見ると長年一緒にやってきた仲間のように見えますが、その中に一人も社員がいないという……なんとも不思議な話です。共同経営のように内部の人間関係のストレスがないため、長く関係が続くのでしょうね。

共同経営ではあんなに仲が悪かったのに……

共同経営からジョイントベンチャーに変更してうまくいった典型的な例がありますので、ご紹介します。

私の顧問先で、一つの会社にコンテンツと営業とシステム、それぞれ3名で共同経営をしていた会社がありました。

それぞれ別々の仕事ということもあり、これなら共同経営と言えども大丈夫だろうと最初は思ったのですが、この会社も例外ではなく、経営者同士で大揉めをしてしまいました。

それぞれのセクションで話を聞く機会があったので「なんで揉めているんですか?」と聞いてみると、

「営業が仕事を取ってこないから全然売上が上がらないんだよ!」

「そもそも、コンテンツがおもしろくないんだよね」

「システムが使いづらいから、マジでなんとかしてほしい」


と、それぞれがそれぞれを非難するような様子でした。

これはうまくやっていくのは絶対に無理だなという段階で、予想通り3人は別れることになったのです。


結局その会社は3つに分裂し、それぞれ独立した会社になったのですが、その後にその3社で一緒に仕事をするようになりました。出版系の会社なのですが、かつて大揉めしたのが嘘のようにうまくまとまって仕事をするようになり、事業としてもかなり大きく成長しています。
そこは今も3社で仲良くやっていますから、本当におもしろい話です。

ANSWER

共同経営は難しい。一緒に仕事をするなら まずはジョイントベンチャーで。

自己資金で事業を始める VS 借入金で事業を始める

あなたは「借金」に対してどのようなイメージを持っていますか？

おそらくいいイメージを持っている方は少ないのではないでしょうか。

私のクライアントの中にも「できれば銀行からお金を借りずに、自己資金だけで経営していきたいのですが……」とおっしゃる方がいらっしゃいます。

しかし、**現実的な話として、自己資金だけで事業を続けている会社はほとんどあり**

ません。多くの会社は銀行からお金を借りながら（借金しながら）経営しています。

もちろん潤沢な自己資金があってその中でやりくりできるのであれば、それが理想です。しかし、実際には事務所を借りて家賃を払ったり、従業員を雇用して給与を払ったりなど、少なくない経費がかかってきます。

そのような中で自己資金だけですべてをやりくりしていくというのは、「経営」という観点から考えるとリスクでしかありません。

借金で会社はつぶれない

私が会社を経営していく中で最悪だと考えているのが、**「倒産して従業員を路頭に迷わせてしまうこと」**です。だから、経営者は倒産しないために常日頃から会社の安全性について気を配らなければなりません。

もちろん、収益性や成長性も重要です。しかし、**何よりも最優先して担保しなければならないのは、安全性だと言えるでしょう。**

では、安全性とはなんでしょうか。それは**手持ちの現金預金**です。**現金預金さえあれば、基本的に会社は倒産しません。**仮に1億円の借金があったとしても、1億円の現金があれば問題はないのです。

「多額の借金＝倒産」、これを連想される方は多いのですが、**借金をして倒産した会社はありません。会社が倒産するのは手持ちの現金預金がなくなるときです。**

借金は手持ちの現金預金を増やす資金調達の手段であって、借金をしたから倒産するわけではないことは理解しておくといいでしょう。

起業の資金調達には、政策金融公庫の創業融資を検討する

あなたが飲食店を始めようと、自己資金100万円を元手に事業を始めたとしましょう。店舗を借り、内装工事を行って「さぁ、開店だ！」となったとき、おそらく手元にお金は一銭も残っていないと思います。

飲食店に限らず、創業時というのはそのくらいあっという間にお金が減っていくも

のです。スタートラインに立つための準備だけでも想定外の費用がかかり、余裕を持って起業したつもりでも、意外とお金はすぐになくなってしまうのです。

これは余談ですが、日本政策金融公庫が発行している「創業の手引＋《プラス》」によると、6割の飲食店が開業後に軌道に乗るまでに、6カ月程度かかっているそうです。

仮に店舗や内装工事のコストがなかったとしても、最低6カ月の運転資金は手元にないと心許ないということです。なかなか自己資金だけだと厳しいというのがデータからも見てとれますね。

では、自己資金だけでは難しいとなってくると、やはり資金調達をする必要が出てきます。最近ではクラウドファンディングなどを利用した資金調達の手段も増えてきていますが、一般的に起業した多くの経営者が、創業時に利用しているのが**日本政策金融公庫の創業融資**です。

日本政策金融公庫は、国が100％株式を保有している政府系の金融機関です。日本の中小企業・小規模事業者など、事業に取り組む方々を支援することにフォーカスしており、民間の金融機関とは異なる立ち位置で、創業したばかりの企業や零細企業などを金銭的な面で支援しているのです。

日本政策金融公庫には**新創業融資制度**があり、**起業したばかりの人でも無担保・無保証人で利用できます**。

この創業融資の一番すごいところは、**事業計画ベースで融資の申し込みができる**ということです。たとえばこれから飲食店を開こうと考えたときに、そのお店のメニューを食べず、計画ベースで融資をしてくれるのです。

全然おいしくなかったらどうするのだろう？　と私はいつも思っているのですが、事業計画から審査をして事業性に問題がなければお金を貸してくれます。

民間の金融機関も創業融資は行っていますが、**実食せずにお金を貸してくれるというのは、民間の金融機関では考えられない話です**。それを考えると、この創業融資がどれだけ柔軟に対応している制度かわかりますよね。

ですから、もし起業するとなった場合に安全性を担保するための資金調達の手段として、**新創業融資制度は最優先で検討することをおすすめします。**

銀行には、晴れているときに相談する!

よく**「銀行は雨が降っているときに傘を貸さない」**と言いますが、本当にその通りです。銀行はお金のない人にお金を貸してはくれません。正確には、**返済できそうにない人には貸さない**と言ったほうが正しいかもしれません。

借入れをする際に一番ダメなパターンは、「お金がなくなってから銀行に駆け込む」というものです。これは本当に最悪なパターンだと言っていいでしょう。

業績が悪くなってきたのでお金を借りたいと相談する。つまり「雨が降っているときに銀行に傘を借りに行く」ということです。

大前提として忘れてはいけないのは、**銀行は営利目的の企業**だということ。銀行は、利益を得るために、ビジネスとして融資をしています。

ですから、返せる見込みが薄い人にお金を貸すことは絶対にありません。

ちなみにこの件に関して、よくある失敗談として挙げられるのが、創業時の借入れです。

「借金はしたくないから自己資金だけで事業をやっていくんだ」、そう意気込んで借入れをせずに無理して、なんとか大赤字で1期目を終えたとします。そしてようやく自己資金だけでは厳しいと考え、銀行や公庫から借入れすることを決断。一生懸命、今後の事業計画を練り、膨大な資料も作成して、いざ融資の申し込みをする。

しかし結果としてはどこからもすべて断られてしまう……というもの。

基本的に融資の審査は、決算書が出ている時点で事業計画ではなく**実績ベースで審査に入ります**。そのため、赤字で決算をしてしまったら「実績として赤字になっていますから、お金は貸せません」と断られてしまうのです。

事業を1期続けて赤字の実績を作ってしまったのであれば、翌期以降も期待はできないと判断されるわけです。

銀行も日本政策金融公庫もどちらもお金は貸してくれます。しかし、それはあくまで返せる見込みがあると考えているから貸してくれます。返済が難しそうだと判断されれば、当然ですがお金は貸してもらえません。

ですから、私は自分のクライアントには必ず、**「お金に余裕があるときに借りてください」**とお伝えしています。つまり「晴れているときに銀行に行って借りておきましょう」とアドバイスしているのです。

外部環境の変化に耐えるためにも、現金が必要

経営者の中には、意味のない借入れは避けたいと考える方も多くいらっしゃいます。もちろん気持ちはわかります。使わないのにお金を借りた場合は、ただ金利を払うだけになってしまうので、金銭的な損得で考えるならばむしろ損をしていることになってしまうからです。

しかし、それでも私は、**借入れはできるタイミングでしておいたほうがいい**とアドバイスするようにしています。

それはなぜか。

これはよく言われていることですが、大体10年に一度くらいの割合で、大きな社会の変化が起きているからです。


たとえば１９９０年代ではバブル崩壊、２０００年代ではアメリカの同時多発テロやリーマンショック、そして最近では新型コロナウイルス感染症の流行……。このような形で10年ごとの頻度で社会環境が大きく変化するような事象が起きているのです。

こうした外部環境の大きな変化は経済活動にも影響を及ぼし、日本の中小企業の経営にも少なからずダメージを与えています。

また10年後にこのような大きな外部環境の変化が起こるかどうかは、もちろんわかりませんが、そのようなリスクが発生した際の安全性の担保という側面から、手持ちの現金預金に関しては常に余裕があるほうがいいでしょう。


もし仮に使わない現金があったとしても、**繰上返済はせずに手持ちとして持っておくことが大事**なのです（ちなみに、繰上返済は、今後もその銀行と取引する場合にはやめたほうがいいです。その理由は、第4章の「借入金を一括で繰上返済するvs借入金を残しておく」〈188ページ〉で後述します）。

「金利がかかるなら、とっとと返済したほうがいいのでは？」とおっしゃるクライアントもいますが、そのときは**「借入金の金利は、会社の安全性を担保する『保険料』と考えてください」**と伝えています。

会社にとって現金預金は、それほど重要なのです。

ANSWER

銀行では、晴れた日にこそお金を借りよう。

自社ビル vs 賃貸ビル

バブルの頃の話です。私の顧問先に、銀行から融資を受けて社屋を購入した会社がありました。

不動産が今では考えられないような高い価格で取引されていた時代です。その後はみなさんご想像の通り、バブルがはじけ不動産価格は急降下、自社ビルは買ったときの半額以下でしか売れなくなってしまいました。

その会社は今でも当時購入した自社ビルの含み損を抱えながら、毎月多額の返済をしているという状況です。

「そんな不良債権になったようなビルなんか、売ってしまえばいいのでは？」

そう考える方も多いと思います。しかし、担保設定をしている銀行というのは、借入れの金額より不動産価格が下回っている場合にはなかなか売却を認めてくれません。つまり、**自社ビルを売りたくても売ることができない**のです。

景気のよかったバブル時代の売上も今では大きく下がり、その後のリーマンショックや新型コロナウイルスの流行などさまざまな外部環境の変化の煽りを受け、当時は100名近くいた従業員もどんどん辞めていってしまいました。

現在、その会社はテニスができるくらい広い社屋に社員3名だけが残っているという、目も当てられないような状態です。

このように自社ビルを建てた後に経営状況が変わり、苦しんでいる会社をいくつか見てきていることもあり、私は基本的には、クライアントに自社ビルの購入をすすめないようにしています。

「ずいぶんと保守的なんですね」と言われることもありますが、**経営面から考えると、自社ビルはどうしてもリスクが高い**のです。

基本的に、自社ビルは利益を生み出しません。そのため、事業として絶対必要なものではないのです。

もしどうしても自社ビルを購入したいと考えているのであれば、事業に影響が出ないように、借入れではなく全額会社の余剰金で購入することをおすすめしています。

そうすれば何か経営面で大きな変化があった場合でも売却できるので、買うなら余ったお金で買いましょう。

では、賃貸であればどうなのか?

賃貸は自社ビルに比べ、経営的な面で圧倒的にメリットが大きいです。とくに私が賃貸にすべきと考えている3つのメリットがありますので、ご紹介していきます。

1．変化に対応しやすい

まず、賃貸の大きなメリットとして挙げられるのが、**変化への対応**です。

長期的に事業を続けていく中で、売上というのは一気に伸びたり、逆に下がったりするものです。業種にもよりますが、さまざまな要因により売上の波というのはどうしても出てきてしまいます。

そんな中、事業規模を大きく変化させなければならないフェーズに差し当たったときに、賃貸のメリットが大きく働くことになります。

事業規模を拡大するにせよ縮小するにせよ、それまでとは同じようなコストで事業を運用できなくなってきたとき、賃貸であれば従業員の人数に合わせた事務所に引っ越すことができます。自社ビルだとなかなかこうはいきません。

先に挙げた会社のように100名近くいた従業員がどんどん減っていけば、無駄に維持費ばかりがかかってしまいますし、逆に事業規模が大きくなる過程で中途半端な広さの自社ビルを建ててしまうと、使い勝手が悪くなってしまいます。

「変化にスムーズに対応できる」、これは賃貸ならではの非常に大きなメリットと言えるでしょう。

2．いい立地に引っ越しできる

先日、銀座に行ったときの話です。裏通りを見ると、飲食店があったビルがいつの間にかガラガラになっていたのです。顧問先が多いということもあり、周辺の飲食店は比較的よく知っていたのですが、人が入っている店が軒並みなくなってしまったので不思議に思っていました。

「あれだけ人気のあったお店もコロナの影響でつぶれてしまったのか……」

そう思いながら表通りに出てみると、そこにはすごい行列ができていて、行列の先を見るとなんと裏通りにあった店がいくつも並んでいるではありませんか。

どういうことかと言うと、人気のあった店が裏通りから引っ越し、いつの間にか表通りに進出していたのです。

顧問先でその話をすると、どうやらコロナ禍に表通りにあった飲食店がすべて撤退してしまったため、安く賃貸に出されていたところを、今がチャンスとばかりに一気に入っていったという話でした。

表通りの家賃が引き下げられて、それなら……ということで、人気の店の引っ越しが始まり、結果的に裏通りのビルがガラガラになってしまった、そんな顛末でした。

では、これを自社ビルを持っていたと考えるとどうでしょう。自社ビルの近くの人通りの多い建物の家賃が安くなっていたとして、すぐ引っ越せるでしょうか？　チャンスだったとしてもなかなか動くことはできないですよね。

お金の使い方が上手な会社は自社ビルを建てるのではなく、このようにチャンスが出てきた際に、集中的にお金を投資します。

とくに外資系の企業がそれに当てはまる印象です。街を歩いていても、「あれ？あそこにあったブランドのお店、いつの間にかこんな表通りに移ってきたんだ」みたいなこと、ありませんか？　まさにそれがこの典型例だと言っていいでしょう。

一等地で家賃が高そうな場所が、何かあってちょっと安くなると外資系の企業が一気に出店してくるのはそういった理由なのです。これは自社ビルを持つのではなく、**賃貸だからこそのフットワークの軽さ**だと言えるでしょう。

とくに飲食業や物販、アパレルなど立地によって売上が大きく左右される業種は、自社ビルよりも賃貸のほうがメリットがあると考えられますね。

3．想定外のケースでも、早めに撤退できる

以前、私のクライアントがたこ焼きのテイクアウトのお店を始めたことがありました。もともとその会社はたこ焼き屋はやっていなかったのですが、A駅の近くで非常に繁盛している有名なテイクアウト専門のたこ焼き屋を見て、「これはモデリングしたら儲かりそうだな」と考え、B駅の近くに同じようなたこ焼き屋を出店したのです。

しかし、結果からお話ししますと、これは大失敗に終わりました。

売上はなかなか思ったように上がらず、人件費や家賃などがかさみ、ほとんど赤字

のまま1年後に撤退することになったのです。

後日、社長に「どうしてうまくいかなかったのでしょうか?」と聞いてみると、「A駅とB駅では客層が全然違っていた」という答えが。A駅とB駅は距離は近いものの、区が異なっていて、世帯収入もA駅の区に比べてB駅の区のほうが200万円近く低かったそうです。

もちろん実際のところは世帯収入だけが原因ではなく、モデリングしていたお店のブランド力や料理の質、価格帯などさまざまな要因もあり、出店してみないとわからないことも多々あったのだと思います。

しかしどちらにせよ、**想定していた通りにならなかったという理由でこの社長は潔く撤退という判断を下し、思っていたよりも小さな損失で終えることができました。**

また、後で聞いた話ですが、この社長は絶対に儲かるだろうと考えていたので、出店場所を購入することも検討していたそうです。「買っていたら黒字になるまで続けて、かなりやばいことになっていたかも」と苦笑いをしながら話していましたが、実際に買っていたら損失を取り戻すまで投資していたのでないかと私も思いました。

今回、1年という早い段階で見切りをつけて撤退を判断できたのは、賃貸だったからと言っても過言ではありません。お店ごと購入していたら、撤退なんていう思い切りのいい判断はなかなかできませんから。

賃貸でも、場合によってはデメリットも……

自社ビルと賃貸ビル、私は基本的には賃貸をおすすめしていますが、賃貸のすべてがいいかと言うと、そうではありません。

最後に、賃貸の種類によってはデメリットが発生するケースもお話ししておきます。

最近、初期投資を抑えることができるということで、バーチャルオフィスやレンタルオフィスで起業される方が増えています。これらのサービスでは、その住所に事業登録や法人設立など登記することができるのですが、実際にそこで事業を始めると思わぬ落とし穴があったりします。

ずばり、**バーチャルオフィスやレンタルオフィスでは銀行口座が開設できないことが多い**のです。

これはバーチャルオフィスやレンタルオフィスが振り込め詐欺などの犯罪の温床になっていることもあり、銀行が警戒して口座の審査を厳しくしているためです。

もちろんすべてがすべてではありませんが、そういった会社の場合は、口座開設の審査は非常に厳しいのが現状です。

ですから、新しく事業を始めるにあたりバーチャルオフィスやレンタルオフィスでの登記を考えている場合は、しっかりと事業の実態を証明できるような形で起業して、法人設立前に銀行に確認をとって、口座を開設できるように確約をもらってから登記することをおすすめします。

ANSWER

賃貸ビルのほうが、経営的なリスクは小さい。

都市銀行 VS 信用金庫

税理士という職業柄、銀行との付き合い方についてよく相談を受けます。そのような相談を受けたとき、私は**「銀行にとって本当のお客様は誰だかわかりますか？」**と質問します。すると、「それはもちろん定期預金をする人でしょう」と即答する方が多いのですが、それは間違いです。

よく考えてみてください。定期預金をして、その金利を払うのは誰でしょうか？金利を払うのはもちろん銀行ですよね。銀行は金利を払う側なのに、どうして定期預金をする人がお客様になるのでしょうか。

銀行の本当のお客様は、定期預金をする人ではないのです。銀行にとって本当のお客様は、**「お金を借りて金利を払ってくれる人」「投資信託を購入して手数料を払ってくれる人」**、この2つです。

なぜなら、これが銀行にとって大きな収益になっているからです。これから銀行とお付き合いする経営者は、まずこの点を踏まえた上で、銀行とどう付き合っていくかを考えるようにしましょう。

中小企業は信用金庫に口座を作りましょう

起業して口座を作ろうと、普段利用している都市銀行で口座開設をする方がよくいらっしゃいますが、あまりおすすめしません。後述しますが、**起業したばかりの方が**

都市銀行に事業用の口座を開設しても、ほとんどメリットがないからです。

では、どこの銀行に行けばいいのかと言うと、起業した方や小規模事業者の方、中小企業であれば、**まずは銀行ではなく、信用金庫とお付き合いすることをおすすめします。**

信用金庫と聞いても馴染みのない方が多いと思うので、簡単に説明します。

信用金庫は一般的な銀行とは異なり、完全な営利目的ではなく、**地域の繁栄を図る相互扶助を目的とした、協同組織の金融機関**です。主な取引先は中小企業や個人が中心となります。

信用金庫との付き合い方

信用金庫で口座を開くと、大体の場合「積立をお願いします」と言われます。どうしていきなり積立をすすめてくるのか、わかりますか？

信用金庫も相互扶助が目的とは言え、基本的には商売としてやっています。当たり前ですが、取引をするにしても倒産する会社とは付き合いたくないのです。

そこで、まずは積立をお願いして、きちんと毎月お金が引き落とされるのかを確認し、さらに積立が満期になったときに満期解約の手続きをしに会社を訪問してくる……というわけです。

「わざわざ訪問なんてずいぶん手厚いですね」、そんなふうに思ってはダメですからね。この訪問の裏にはしっかりと意味があるのです。

信用金庫の担当者の訪問は、会社内の偵察も兼ねています。会社の実態調査です。デスクが散らかっていないか、社員の服装はどうかといった目に見える部分をはじめ、社長の態度、社員や会社の雰囲気など「この会社とお付き合いして大丈夫か？」と、担当者が目を光らせて、さまざまな部分をチェックしています。

これを銀行は「管理する」と言うのですが、意外に経営者の中には、この管理を把握されていない方が多いのです。

実際の話、この「管理」をうまくクリアして初めて「融資」など取引の話に進むわけですから、何も知らなかったとならないよう、気をつけておく必要はあるでしょう。

また、その他にもいくつか信用金庫との付き合い方がありますので、ご紹介しておきます。

積立はやっておいたほうがいい

先にお話ししたように、信用金庫で口座を作ると、積立をすすめてきます。

これから信用金庫とお付き合いしていくのであれば、少額でもいいので積立はしておいたほうがいいでしょう。それが担当者とのお付き合いのきっかけにもなりますし、積立をすることで少額でも担当者の営業成績につながっていきます。

「返報性の原理」をご存じでしょうか？　自分が何かいいことをされると、それに対してお返しをしたくなるという心理です。

少額でも積立をしておくことで、営業担当の印象もよくなりますし、経験則として、ちょっとしたことでも動いてくれるようになります。

最低でも2行とお付き合いしましょう

信用金庫とお付き合いするのであれば、最低でも2行とお付き合いしておくことをおすすめします。理由は2つあります。

まず、**信用金庫の「担当者」の当たりはずれが大きい**ということです。

基本的には、信用金庫の違いによって信用保証協会の融資の判断が変わることはありません。どの信用金庫で融資を受けても、信用保証協会の判断は同じです。ですから、どこの信用金庫から融資を申し込むと借り入れしやすいか、というのはありません。

では何が重要かと言うと、信用金庫の担当者です。正直な話、信用金庫の口座を持つということは、信用金庫そのものではなく、**信用金庫の担当者と付き合う**と言っても過言ではありません。

同じ信用金庫でも、担当者によって融資の熱意の度合いがまったく違いますし、対応も違います。優秀な担当者をこちらから選ぶことはできないので、リスクヘッジとして2行以上とお付き合いをしたほうが得策ということです。

ひどい担当者に当たってしまうと、積立が満期になっても手続きにすら来ない場合があります。そういった担当者に当たっても大丈夫なように、**複数の信用金庫とお付き合いをして、リスクを分散させておく**のです。

もう一つの理由はシンプルな話ですが、2行以上の信用金庫とお付き合いがあれば、融資を受ける際にそれぞれの融資の金利を競わせることが可能になります。担当者も営業成績は重要ですから、一生懸命頑張ってくれます。

また、信用金庫ごとにオリジナルの商品があるので、情報を得るという意味でも最低でも2行とお付き合いしておくのがいいでしょう。

銀行は情報の宝庫

先日、こんなことがありました。信用金庫の担当者が私の事務所に来て、「今こういう物件があるのですが、欲しい方がいたらご紹介ください」と、不動産屋の情報を持って、営業してきたのです。もう信用金庫ではなく、不動産屋の営業ですよね。
なぜこのようなことをしているのかと言うと、提携している不動産屋から担当者に不動産の情報を渡して、そこから住宅ローンの契約を取るために営業しているわけです。

信用金庫というのはこういった側面があり、担当者に「今こういうお客様を探しているんですが、心当たりありませんか？」と聞くと、意外と紹介してくれたり動いたりしてくれます。さまざまな業種や会社を訪問して回っているわけですから、そのマッチングもお手の物なんですね。

他にも、現在どういう業種の会社が伸びているのか、逆にこの業界は今は苦しそうです、といった情報も山ほど持っているので、担当者がついたらいろいろと話を聞いてみるといいでしょう。

単純にお金を借りるためにお付き合いするのではなく、このように**情報を仕入れるために信用金庫とお付き合いをする**という考え方があることは、覚えておくといいかもしれません。

都市銀行はどうなの？

事業をやっていない方からすると、信用金庫よりも都市銀行のほうが馴染みがあると思いますが、ビジネス上のお付き合いとして都市銀行はどうなのでしょうか。

実際のところ、起業したばかりの方や個人事業主、中小企業などは、都市銀行とお付き合いするのは難しいと考えたほうがいいでしょう。

都市銀行に法人口座を開設したので３００万円の融資を申し込もうと窓口に相談に行ったらけんもほろろに断られた……なんて失敗談はよく聞きます。


大前提として、都市銀行と信用金庫では顧客ターゲットがまったくと言っていいほど違います。基本的に、**都市銀行は売上規模が大きな上場企業や大企業を顧客としています**。もちろん中小企業などの融資にも対応はしていますが、それなりの売上規模が求められています。

これはあくまで私の経験則ですが、**最低でも粗利ベースで1億円を超えるようにならないと、担当者は動かない**イメージです。

ただし売上規模で10億円以上の中小企業になってくると、信用金庫では決済できなかったり対応できなかったりするケースが出てきてしまいます。この場合には都市銀行の力を借りないとうまく資金を回せなくなるので、このくらいの規模になってきたら、都市銀行とのお付き合いを始めるタイミングだと考えるのがいいでしょう。

その場合は都市銀行の担当者もフットワークが軽くなり、しっかりと対応してくれるようになります。

ANSWER

身の丈に合った金融機関と付き合っていこう。

決算書は公認会計士に頼む VS 決算書は税理士に頼む

起業して事業を始めるとなった際に、考えなければならなくなるのが経理面のやり取りです。基本的に、会社を経営すると、会計事務所に決算書の作成や税務の申告をお願いすることになりますが、依頼するにしてもさまざまな選択肢があるので、どこに頼むのが一番いいのだろうと悩まれる方が多いのです。

その中でもとくに頭を悩ますのが、「公認会計士」と「税理士」です。「どちらも会社の決算書を作ってもらえるみたいだけど、どっちがいいの?」そんな疑問を抱いている方も多いのではないでしょうか?

公認会計士と税理士はどちらも会計を扱う国家資格ではありますが、実は**勉強する内容がまったく違います**。

公認会計士と税理士の試験内容で被っているところと言えば、簿記や財務諸表といった試算表を作るための科目くらいです。

たとえば、公認会計士の場合は企業法や監査論、経営学など、企業の監査に必要な知識を学びます。一方で税理士は、法人税や所得税、相続税など税法が中心です。

また、公認会計士の場合、ほとんどが合格後に監査法人に勤めます。監査法人というのは企業の会計処理や決算内容が適切かどうかを、客観的にチェックする業務を行っている組織です。

公認会計士試験の合格者は、最初は会計士補という見習いのような状態から始まり、監査法人で3年間の実務経験を積んで、三次試験を受けてそれに合格して初めて公認会計士の資格を得ることができるのです。

基本的に監査法人で監査する企業というのは上場企業や大企業がほとんどですから、**公認会計士として実務で学ぶのは、大企業が中心になります。**

見ているステークホルダーがまったく違う

公認会計士と税理士、どちらも決算書を作ることは可能ですが、その作り方は大きく異なります。というのも、作った決算書が誰に見られるのか、**対象となるステークホルダーがまったく違うのです。**

たとえば、**私のような税理士が決算書を作る際に想定するステークホルダーは、税務署や銀行です。**税務調査が入ったときにしっかりと対応できる決算書を作っていく必要がありますし、銀行に融資の相談をする際に評価されるように決算書を作っていきます。

一方で、**公認会計士は投資家を想定して決算書を作っています。**もう少し具体的に言うならば、株主と言ったほうがわかりやすいでしょうか。

公認会計士の主な仕事は企業の監査で、企業が出した決算書について「間違っていないですよ」とお墨付きを与えていきます。そのため、多くの株主が存在している上場企業など、大企業の決算書を見ることが多いのです。

ですから、たとえば事業買収やM&Aについて相談したかったり、将来上場を目指そうと考えていたりするスタートアップの会社などであれば、公認会計士に相談するのが適切かと思います。

一方で、一般的な会計業務や申告などをお願いしようと考えているのであれば、公認会計士よりも税務を専門とする税理士に依頼するほうがいいでしょう。

いわば、公認会計士は大学病院、税理士は町のお医者さんといったイメージですね。

ANSWER

事業の目的に合わせて公認会計士、税理士を選ぼう。

会計事務所に丸投げする vs 会計ソフトを使う

最近はさまざまなクラウド会計ソフトが出てきており、非常に使いやすくなってきているので、会計事務所に丸投げするのではなく経営者が自ら経理をやるというケースも増えてきています。

ただ、実際に事業を立ち上げるとわかりますが、コストという観点から見ると自分で経理をやったほうがいいものの、**経営面や事業の売上という観点から見ると、自分**

で経理作業を行うことが必ずしも正しいとは言えません。

経営者の時間は利益を上げるためにあるわけですから、**利益を生み出さない経理作業は会計事務所に丸投げしたほうがいい**でしょう。

「経理」人材の採用は、規模が大きくなってから考えよう

起業したばかりだからお金の流れが見えるように経理は自社で管理したい、しかし自分で経理をやる時間もない。そんな場合に、経理を担う社員を雇おうと考える経営者も少なからずいらっしゃいます。

これはなかなか難しいところですが、その状況ならば会計事務所に丸投げしたほうがいいと私は考えます。もちろん、事業規模が大きくなれば経理は必要になりますが、現状でそこまでの事業規模でないならば、**経理を雇うよりも会計事務所に丸投げしたほうが圧倒的にメリットが大きいです。**

なぜなら、**会計事務所に依頼すれば、定期的に試算表を作成してくれる**から。もち

ろんこれは会計事務所との契約にもよりますが、月次や四半期ごとに試算表が確認できれば、お金の流れや会社の財務状況をその都度確認することができます。

また、近年導入されたインボイスの影響も忘れてはなりません。今までは会計知識だけで作成できた試算表や決算書も、今後は消費税の知識も必要になるため、会計事務所に依頼せざるを得なくなります。

もし自分で経理をやるとなると、相当きちんとした人でない限り、仕事を溜め込んでしまうケースがほとんどです。そしてそのまま、半年間何も入力せず、試算表も作らず自社の財務状況が把握できない……という形に。ちなみに、銀行などに融資の相談をする際には、決算から半年経過すると必ず直近の試算表が必要になりますから、**入力作業をサボっていると徹夜で入力することになったりします**。

それでも間に合わないとなると「来週までに試算表を作ってほしい」と会計事務所に駆け込んでお願いする経営者もかなり多いです。会計事務所としては「そんな急に言われても……」と、基本的にはどこもお断りするでしょう。そんな無茶振りをするような会社とお付き合いするのは難しいですからね。

ただ、そのような依頼は本当に多いということだけは、お伝えしておきます。

会計事務所に丸投げしていれば、定期的に会計事務所のほうがあなたの会社に連絡をして領収書などを取りに来るので、入力を溜め込んでしまう心配はありません。また、そのタイミングで前月分までの試算表を作成して財務状況をチェックしてもらえるので、そちらのほうが経営面でのメリットは大きいでしょう。

とくに今はほとんどオンラインでデータが送れる時代ですから、原本が必要な書類でない限り、ほぼすべてオンラインでやり取りできます。

経理作業は自分でやるとなるとかなり時間がとられるので、**そこに経営者としての時間が制限され、利益が下がってしまっては本末転倒です。**まず経営者は本業に集中し、ご自身でやらなくてもいい作業はアウトソーシングして効率化を図りましょう。

ANSWER
▼

経理が雇えるまでは、会計事務所に丸投げ！

領収書をもらう VS レシートをもらう

以前、私のクライアントの税務調査の対応で、「お品代」としか書かれていない百貨店の領収書について、税務署から指摘されたことがありました。

一つひとつの金額はそれほど高額ではなく、いろいろなお付き合いが必要な会社であったため交際費で計上していたのですが、量が多かったこともあり、税務署が私用ではないのかと疑ってきたのです。

これらにレシートはなく、すべて領収書で「お品代」としか記載がなかったため、何を購入したのかがわからないということで、税務署が指摘してきたのでした。

クライアントも、お付き合いしている顧客への手土産だったりお礼の品だったりだけれども、それらが一つひとつなんの商品だったかは覚えていないということで、詳細が不明な部分がありました。

結局どうしたかと言うと、**なんと税務署がその百貨店に行き、レシートを片っ端からコピーして持っていきました。**「そこまでするの？」とクライアントも驚いていました。

もちろんケースバイケースなので、似たような事例でも税務署が必ず同じことをするわけではありませんが、**税務署は領収書だけで詳細がわからない場合、相手先に行って何を購入したのか詳しく調べることはよくあります。**

実際、国税などは探偵のような方法で対象者の調査をするそうです。

たとえば、飲食店が売上をごまかしているのでは？　と疑っている場合は、そのお店にわざわざ飲みに行って現金で支払い、実際に領収書を発行してもらいます。そして、領収書をもらっているときにレジを打っているのかチェックするそうです。

レジを打っていれば、現金の売上はごまかされていないのだなと確認できます。逆に領収書だけを発行し、レジを打たなければ現金の売上がレジを通っていないことになるので、売上をごまかしている可能性があるということです。

びっくりするかもしれませんが、税務署はそのような実態調査を行っています。

先に挙げた例のように、仮に領収書をもらっていても詳細がわからないと、税務署が調べてくるケースがあるため、私は申告する際には**領収書ではなくレシートをそのまま貼っておくことが多い**です。

よく飲食店などで「レシートではなく領収書をください」と言う人もいますが、金額があまりにも高い場合は、税務署はどういう支払いだったのか聞いてくることもあります。ですから、**領収書をもらっただけで安心してはダメなのです。**

実は、レシートには情報がかなり詳細に書かれています。どのような物を頼んだのかだけでなく、何人で飲んでいたかまできちんと書かれています。領収書だけですと何人で飲んでいたかまではチェックできないので、そういう情報面という視点から、税務署としては領収書よりもレシートのほうがいいのだと思います。

もちろん相当特殊なケースではない限り、基本的には領収書でも大丈夫です。

しかし、何に使ったのか怪しいと思われるようなものであれば、調査が入って疑われてしまうので、最初からレシートで堂々と費用計上したほうがいいのではないでしょうか。

ANSWER

基本的には領収書でいいが、レシートもあったほうがベター。

第 2 章

経営戦略の選択

客単価を上げる VS 客数を増やす

私の顧問先の、ある赤ちょうちん居酒屋の話です。

そのお店はそれほど広くなく、スタッフもほとんどいない中で何十年と営業を続けてきました。しかし、時代の流れには逆らえず、経営状態も段々と厳しくなり、今では赤字が続き、なんとかして売上を挽回したいということで私の元に相談に来ました。

「まずどこから手をつけていきましょうか」、そう聞いてみると、社長は「広告を出そ

	現状	客単価 3%アップ	客数 3%アップ
単価	100	103	100
数量	100	100	103
売上	10,000	10,300	10,300
仕入原価	6,000	6,000	6,180
粗利益	4,000	4,300	4,120
固定費	3,000	3,000	3,000
利益	1,000	1,300	1,120
増益率		130%	112%

うかな」と言うのです。

そこで私が「社長、広告よりも先にやることがありますよ」と言うと、社長は不安そうな表情で「売上を上げるなら広告を出して、客を入れないとダメじゃないですか？」と聞いてきたので、上の表を書きながら丁寧に説明することにしたのです。ちなみにこの表は、単純に客単価または客数を今より3％アップした場合の数字です。

もちろん、お店にやってくるお客様が増えれば売上は単純に増えていきます。ですから、広告を出してお客様を増やすという施策も検討する余地はあります。

しかし、お店がそれほど広くないことを

考えると、**限られたキャパシティの中でお客様が増えても、それほど売上は上がりません**。それを考慮すると、**客数よりもまずは客単価を上げていくところから手をつけるべき**なのです。

前ページの表では、客数（回転率）と客単価、それぞれ3％増えた場合の利益の比較をしています。客数が3％アップした場合は利益率が112％増加するのに対し、客単価が3％アップすると利益率が130％増加するという結果になっていますね。

つまり、**客単価をアップしたほうが、客数が増加するよりも圧倒的に効率がいい**ということです。

このことを社長に説明しましたが、それでも社長の表情は渋いまま、なかなか納得はしてくれませんでした。その理由は「価格を上げるとお客様が離れていっちゃうよ」と、値上げに対する不安が原因です。

本来であれば物価の上昇とともに、メニューへ価格転嫁していくべきなのですが、どうしても価格を上げたくないという社長の意思があったため「値上げだけが客単価をアップさせる方法ではないですよ」と、次の3つの施策を社長に提案しました。

1. 松竹梅戦法

まずは「松竹梅戦法」です。居酒屋と言えば、棚にボトルキープされた焼酎。この焼酎は、1種類しかないお店が多いのですが、ここに少しテコ入れするだけで、客単価アップにつながるのです。

まず焼酎を3種類用意して、それらに松・竹・梅とランクをつけます。現在ボトルキープ用で販売している焼酎の売値が2000円だった場合、それを梅ランクの焼酎にして、竹ランクの焼酎3000円と松ランクの焼酎5000円、全部で3種類を用意するのです。

そして、ボトルの注文が入った際にお客様に3つのランクから焼酎を選んでもらう。そうすると、お客様はどのランクの焼酎を選ぶと思いますか？

「もともとみんな2000円の焼酎をキープしていたんだから、2000円の焼酎だろう」、そう思われるかもしれませんが、実際には違います。

これは行動経済学の法則なのですが、**価格帯が3つある場合、6割の消費者は真ん中のグレードを選ぶ傾向にある**というデータがあります。つまり、このケースであれば竹として提供している3000円の焼酎を選ぶ人が最も多いことになります。

ですから、この法則を活かすならば、竹の焼酎を最も利益率のいい焼酎にして提供すると、客単価と利益率がグッとアップすることになるのです。もちろん、梅として提供している2000円の焼酎が売れることもありますが、もともとはそれを売っていたわけですから損になることもありません。

ちなみにこの松竹梅戦法のポイントは、商品を3つ作ることにあります。2つではダメです。2種類だと高い焼酎と安い焼酎を選んでもらうことになるので、そうなると大抵のお客様が安いほうの焼酎を選ぶ傾向にあります。

ですから3種類、これが最もバランスがとれています。

2. クロスセルとアップセル

2つ目は「クロスセル」と「アップセル」です。

よく居酒屋に入って、最初にビールを頼んだりすると「今日は北海道産のジャガバターがおすすめです」といった感じで、店員さんからおすすめ商品を伝えられることがありますよね。そしてまんまと「お、そうなの？　じゃあそれも一緒にお願い」と思わず頼んでしまった、そんな経験、みなさんもありませんか？

これはクロスセルと言って、典型的な客単価アップの販売手法です。**お客様が何か商品を購入する際に別の商品も提案し、組み合わせて販売する**のです。

また、これとよく似た販売手法でアップセルというものもあります。

たとえば、マグロのお刺身を食べようと注文した際に「今日は三崎から新鮮な中トロが入ってますが、いかがですか」と言われ、ついつい頼んでしまう。これです。

アップセルはお客様が頼もうとしている商品よりもグレードの高い商品を提案して

販売する方法です。クロスセルもアップセルも提案型の営業方法で、客単価を上げるための施策として非常に効果的な販売手法だと言えます。

3．掛け算思考

3つ目は「掛け算思考」です。最近では赤ちょうちん居酒屋も回転率を上げるために、滞在時間を制限して営業しているところが多いです。これは、時間を制限しないと注文をせずにダラダラと席を占有されてしまい、売上効率が落ちてしまうからです。広いお店ならいいのですが、席数が少ないお店になってくると死活問題です。

しかし、お客様の立場で考えると「もっとゆっくり飲めるお店だったら、定期的に通うのに……」という意見もあり、常連客候補を逃がしてしまう可能性もあるため、店側としては時間制限を作るのは痛し痒し……というところなのかもしれません。

それならば、**滞在時間が延びる分、課金できる仕組みを考えればいい**のです。

たとえば、居酒屋であれば少し前に流行った「居酒屋×カラオケ」など、2つの要素を掛け合わせたビジネスモデルを展開していくといった方法が挙げられます。1曲歌うと200円が課金されるといった料金体系にすることで、注文しないお客様から別途でカラオケ代を請求できるようになるため、客単価のアップが見込めます。

このように、何かを掛け合わせることで、別方向から新しい売上を作ることができ、そこから客単価をアップできるケースもあります。売上アップに悩んでいる方は、このような掛け算思考を取り入れてみるのもいいかもしれません。

この他にも、ご飯や焼きそばなど作る手間がかからないメニューに「プラス200円で大盛り」といった選択肢を加えることで手間なく単価を上げるなど、少しの工夫で客単価アップは可能です。

今回は飲食店のケースでお話ししていますが、他の業種でも少しの工夫で売上アップにつながる方法はたくさんありますので、同じように考えて実践してみてください。

ANSWER ▼

客数よりも客単価を上げることを考えよう。

地域密着 VS 全国展開

マーケティングの本を読んだことがある方であれば、一度は「ランチェスター戦略」という言葉を聞いたことがあるのではないでしょうか。

もともとは第一次世界大戦の際にイギリスの自動車工学・航空工学のエンジニアだったフレデリック・ランチェスターが軍事目的で提唱したもので、戦力の劣る「弱者」と戦力に勝る「強者」に分け、それぞれがどのようにして戦うと戦局が有利に運ぶのか、それを数理モデルに基づき考えられた法則です。

現在ではこれをマーケティングに落とし込み、ソフトバンクをはじめとしたさまざまな企業が経営に取り入れているのは有名な話です。

ここでは、このランチェスター戦略をもとに、地域密着と全国展開どちらが経営として有利に働くのかということについて、資本力の小さい中小企業を弱者と仮定し、その視点から考えてみます。

弱者の戦略、ドミナント戦略とは？

ランチェスター戦略において、中小企業・零細企業が資本力のある大企業に打ち勝つために、最も基本的な手法と考えられているのが「**ドミナント戦略**」です。

ドミナント戦略とは、たとえば小売店が特定の地域に参入し、その地域内に集中して店舗展開を行うことで経営の効率化を図り、かつその地域内でのシェアを獲得して、競合よりも優位に立つことを狙う戦略のことです。

代表例は、コンビニです。「自分の家の周りに同じコンビニばっかりあるな」と感じたことはありませんか？　あれはドミナント戦略を行っているから、同じコンビニがいっぱい出ているのです。すごいときには道を挟んで同じコンビニが出店している地域もありますよね。

コンビニ業界ではセブン-イレブンがドミナント戦略を始めたと言われています。

当時、セブン-イレブンの親会社はイトーヨーカ堂でした。そのため、最初から全国展開をしようと思えば、今ほどの規模ではなくても全国に展開できる資本力はあったと考えられます。

しかし、そこを**あえて全国展開せずにドミナント戦略に打って出て、フランチャイズの仕組みを使って地域ごとのシェアを占める**ことで、のちに全国に広がりセブン-イレブンは成功を収めました。

これは認知度の強化もありますが、地域を特定することで配送効率が上がり、広告を地域に合わせて打つことができたという点も大きかったのだと思います。このドミナント戦略が功を奏し、長年セブン-イレブンはコンビニ業界でシェアトップの強者になっています。

もしこれがドミナント戦略をとらずに、いきなり全国展開していたら……。もしかしたら、今のセブン-イレブンの姿はなかったかもしれません。

弱者と強者は状況に応じて変わってしまう

一方、次に紹介するのは全国展開に失敗したある司法書士法人の話です。

とある地方で相続対策シェアトップを誇っていた司法書士法人がありました。規模としては数十人と中規模ですが、その地方では圧倒的ナンバーワンの非常にやり手の司法書士法人です。

その司法書士法人が満を持して東京に出てきたということで、同業の間では「ついに出てきたか」と話題になりました。

しかし結果からお話しすると、この司法書士法人は数カ月後、仕事がまったく入ってこないという理由で東京から撤退することになるのです。

地元では圧倒的なシェアを占めており、経営のノウハウもしっかりとある。しかし、同じようにやっているのに、どうしてこんなにうまくいかなかったのでしょうか。

これにはさまざまな理由があると思うのですが、一番の理由としては、**東京では弱者であるにもかかわらず、強者のノウハウで進出してしまった**のではないかと推測できます。

少なくともその司法書士法人は、東京では圧倒的に認知度が足りませんでした。東京であれば有名な相続専門の司法書士法人が存在しています。数百人規模の非常に大規模な司法書士法人がいくつもあるのです。そこと比べてしまったら認知度も低いと言わざるを得ません。

仮に同じ価格で提案されたとしても、あえてそこを選ぶ必要性をお客様は感じないのです。地元では圧倒的な強者だったのかもしれませんが、東京では弱者ですから、**勝つためには弱者としての戦略をとらなければなりませんでした。**

それであれば地元の隣の県を少しずつ攻めて、たとえば宮城でトップを取っているのであれば福島や山形のシェアを取っていって、最終的に「東北で一番相続に強い司法書士法人です」というような形の経営戦略のほうが、結果的にシェアを大きく伸ばせたのではないかと思います。

ANSWER

特定の地域のシェアを取りながら、少しずつ拡大していこう。

リピート商品 VS トレンド商品

30年以上も税理士をやっていると、さまざまな会社とお仕事をさせていただく機会があります。中には、商品が大当たりしてとんでもない大儲けをするような会社も出てきたりするものです。時流に乗って、とてもいいタイミングで商品の需要が爆発的に伸び、売上が一気に何十倍にもなってしまうケースです。

ただ大抵の場合、そのような会社は一発だけ当たってその後が続かずに、そのまま消えていってしまいます。ギャグなどが大当たりして一定の期間だけとても露出が多い芸人さんを一発屋芸人と言ったりしますが、まさに一発屋の会社です。商品で言うならマリトッツォなどがいい例ですね。

どうしても、トレンド商品の売上というのは長く続かない、というのがセオリーなのです。もし経営を安定化させていきたいと考えるのであれば、**リピートしてもらえるような定番の商品を販売していくほうが会社の売上は安定する**と言えます。

定番商品は変わらない

定番商品についてわかりやすい例を挙げるのであれば、ブランド品などが考えられます。たとえば、ルイ・ヴィトン。ヴィトンをイメージしてくださいと言えば、大抵の方がLとVを掛け合わせたベージュと淡いマロンカラーの濃淡色のモノグラムシリーズを想像するのではないでしょうか。

もちろん、時代の流れに合わせて少しずつデザインは変化しているものの、大きく変わるわけではなく、定番の商品として長い間ユーザーに親しまれています。ですから、使い込んで壊れたり破れたりしたとしても「ヴィトンと言えばこれだよね」と**ファンの方は同じ定番のシリーズを何度も買い続けてしまうのです。**

中古車を買うなら、絶対に白か黒

また、定番と言えばこのような話もあります。

以前、車を買い替える際にディーラーと話をしたときに、「車を買い替えるなら色は白か黒にしたほうがいいですよ」と言われました。どうしてですか？　と聞くと「中古でいい値段がつくのは、白か黒だけだからです」と断言されました。

赤や青はダメなのかと聞くと「売れなくはないけど好みがあるので、売ることを考えているなら絶対に白か黒です」と強くすすめられました。

そのとき私はふと、トヨタ自動車が昔に出したピンク色のクラウンを思い出しました。当時は人気で価格も高くて、道で走っているのを見かけるたびに「派手好きな人が乗っているのだろうな」と思っていたのですが、最近は見かけなくなりました。

ついでにピンクのクラウンについてディーラーに聞いてみると、「あれは好き嫌いがはっきりするのでなかなか売れないいんですよね」と苦笑いをしていました。

発売当初は珍しいカラーということもあり、人気に火がつき結構売れたようです。しかし、それは長く続かなかったそうで、今では中古車市場では見かけるものの、入荷してもなかなか売れないと困ったように話していました。

そして帰り間際にも、そのディーラーは私に言いました。

「松岡さん、車を買うなら絶対に白か黒ですよ」と。

それだけ強くすすめるわけですから、定番にどれだけ力があるのかわかりますよね。

ANSWER

トレンド商品よりも、売上が安定する「定番商品」を優先しよう。

高利益率・高単価 VS 薄利多売

商売をやっていると、高単価で利益をしっかり取って売るか、薄利多売で商品を回転させていくか、この2つのスタイルがあり、どちらに舵を切るかで悩まれる経営者は多いものです。

ちなみにこの2つの販売方法でどちらをとったほうがいいかお客様から相談される際、私は**「高単価でしっかりと利益を取っていきましょう」**とアドバイスをするケースが多いです。

薄利多売で商売をする場合、資本力がないと厳しいという現状があるからです。

スーパーの例で考えてみましょう。

スーパーは、市場からの現金仕入れがほとんどです。売上も現金での取引が多く、お金の流れとしては、商品代金を現金で支払って、現金が入金されるという仕組みです。ただ、仕入れた商品がその日にすべて売れるかと言うと、なかなかそううまくはいきませんよね。野菜や果物などであれば、その日か次の日には売りきるのかもしれませんが、物によっては3日以上置かなければ売れない商品も出てきます。

ただ、スーパーですから、仕入れは毎日必要です。そうなると、どうしても仕入れと売上が合わなくなってくるわけです。

もちろんそこを計算して調整しながら仕入れをしていくわけですが、お金の流れとしては確実に仕入れのほうが先になるため、**ある程度資金に余裕がないと、商売として回すのはかなり厳しい**と考えられます。

また薄利多売となると、単純に取引の数が増えることになります。つまり、**取引の手間が増える**ということです。

とくにスーパーの場合は、一つひとつの金額は小さいのに、商品の陳列や配送などさまざまな手間がかかってきます。それが単純な作業だったとしても、それらにかかる労力は馬鹿になりません。利益がしっかりと取れるのであれば問題ないのですが、これが薄利となると厳しくなると言わざるを得ないのです。

アメリカのウォルマートのように大きな資本力があれば別ですが、資本力がない段階では基本的に薄利多売は資金繰りや労働コストの面から、かなり厳しいビジネスモデルだということは理解したほうがいいでしょう。

薄利多売は導線として取り入れる

もし薄利多売を選ぶのであれば、すべてではなく一つのステップとして取り入れることをおすすめします。本当に売りたいものを作り、その商品を販売するための導線として薄利多売を戦略的にとっていくのです。

よく化粧品などで「まずはお試しでどうぞ」と、申し込みをすると試供品を配送してくれることがありますよね。まさにあれです。

最初は無料だったりすごく安くしたりして、次から高利益率の商品を購入してもらう。もしそれが何年もずっと買ってくれるようになるのであれば、**入口としての薄利多売は非常に効果的**だと言えるでしょう。

ANSWER

▼

大きく利益が取れる高利益率・高単価のビジネスを選ぶ！

本業だけ行う VS 畑違いの商売を始める

よくある話なのですが、中小企業も大企業も、**ある程度小金持ちになってくると本業とは異なる事業を始めるケースが非常に多い**です。

実は以前、わずか2カ月で倒産したカレー屋の顧問をしたことがあります。原価率65%という、飲食店経営者ならびっくりするような高原価のカレーを作っていた店なのですが（詳しくは、「財務会計 vs 管理会計」〈234ページ〉で触れます）、もともとこのオーナーは建設業の経営者なのです。そちらがいい形で成功したこともあり、お金が少し余ってきたということで、友達とカレー屋をやろうとなったそうです。

そして、どうせならうまいカレー屋を作ろうとなり、原価率を気にせず商品を作った結果、2カ月で撤退するカレー屋を開業することになりました。

話を聞くと、初期費用に800万円を何も考えずにポンと出したとのこと。本業がうまくいっていたからなのでしょう、金銭感覚が完全に麻痺していたとしか考えられません。しかも、「うまいカレー屋ができるなら利益もトントンでいい」というスタンスで始めたそう。これでは失敗するのも当然だと言えます。

利益トントンでいい、それは言い換えると利益はゼロでいいということですから、そもそも商売をする気がなかったわけです。

飲食店を経営している方ならわかると思いますが、それほど広くないお店の場合、ビジネスモデルというのは「高単価で高利益率」が基本です。それをまったく把握せずに、本業ではなく片手間の副業としていきなり飲食業界に参入しても、成功するはずはありません。

このオーナーは、本業がある程度うまくいっていたということもあり、800万円を失っても笑い話で済みましたが、やはり小金持ちになると、本業とはまったく関係のないことにお金を使いたくなってしまうのだなと思いました。

「せめてトントンだったらいいね」というビジネスがうまくいくことはないというのは肝に銘じたほうがいいです。もし、本業がうまくいってお金が余っているのであれば、そのお金は本業または本業に関連する事業に再投資していくことをおすすめします。

太陽光パネルの会社が保険営業をする理由

とある太陽光パネルの営業会社は、保険営業もやっています。「本業と関係ないじゃないか」と思われるかもしれませんが、そのカラクリを知ると驚きます。

太陽光パネルは、初期投資で数百万円と高額な装置です。補助金なども出ますが、それでもお客様が投資する金額はそれなりに高額です。

耐用年数は15年程度ということで、一度設置してしまえばあとは何もしなくていいのですが、その会社は設置後の定期的なメンテナンスの契約もとっていて、安定的に収益を上げています。そしてその会社は、「顧客と10年以上にわたって定期的にコミュニケーションをとれる」ところに目をつけました。

太陽光パネルは非常に高額な買い物。それを買ってくれたということは、ある程度、営業担当者に対する信用がなければ契約に至らないわけです。その信用に加えて10年の間に定期的にコミュニケーションをとっていく。そうなると、お客様との信頼関係は強固なものになっていきます。

10年という期間は、お客様のライフスタイルが変わるには十分な長さです。たとえば子どもが生まれました、となってくると「学資保険には入りましたか？」と、**培った信頼関係をもとに保険を売ることができる**わけです。

一見すると畑違いの副業のように見えますが、このように**本業のビジネスが水平的に広がるような副業ができるのであれば、そこにお金をかける意味はある**でしょう。

ANSWER

本業にまったく関係のない副業には手を出さないのが吉。

特許を取る VS 特許を取らない

厨房機器の配管に関して国際的な特許を持っている会社がありました。非常に優れた配管設備で、通常は油汚れなどがつきやすいダクトがこの会社の製品を使うと清掃がほとんどいらなくなるということで、大手企業の指定商品にも選ばれるほどでした。特許があったため市場も独占状態で売上も好調だったのですが、数年経つごとに少しずつ様子が変わっていったのです。一体何があったと思いますか？

実は特許は、その権利が保護される期間が20年と決まっています。そして、特許の申請をすると、その製造方法はすべて公開されるのです。その代わり、真似してはダメですよという権利保護の期間が設けられ、その期間が20年なのです。

つまり、**保護期間が過ぎてしまえば、他の企業がこぞって同じものを生産できるようになる**ということです。

私がこの会社にかかわるようになったのは特許を取った後でしたが、顧問になった当初「大手の企業に特許を売却したらいかがですか、今なら10億円程度ですぐに売れると思いますよ」と提案しました。先述した通り、**特許が切れたときに現状の売上が維持できないことが明らかだったからです。**

しかし社長は「この特許で売上を上げているのだから売るなんてとんでもない」と、売却を検討することはありませんでした。そして数年が経ち、権利保護の期限が段々と近づいてくると、予想通り製品の売上は目に見えて落ちてきました。取引先の大手企業も、もう数年待てば自分たちで作ることができるということもあり、取引自体も強気で交渉されることが多くなってきたのです。

結局、社長は特許を売却することを決意し、最終的に大手の企業に1億円でその特許を売却しました。「あのとき売っておけばもっと高く売れたのに」と社長は言っていましたが、私としては期限が切れかかっている特許を買ってくれただけでも儲けものだなと、ほっと安心したことを覚えています。

特許は出口戦略が大事

このように特許は、**権利が保護されている期限が切れそうになると、製品そのものの価値が落ちてきます**。ですから、特許を取ろうとしているお客様には、**「特許を取ったら最初のおいしい利益を取って、売却することを検討してください」**と伝えています。

製品のライフサイクルには「導入→成長→成熟→衰退」という4つのフェーズがあります。成熟から衰退のフェーズに差し掛かっているタイミングで特許を売却しようとしても、実際に売れることはほとんどありません。

特許として一番価値が高いタイミングは、導入から成長に差し掛かったときですから、このタイミングで売却を検討するのが一番利益を出せると考えるべきでしょう。

資金力豊富な大手の企業であれば、戦略はまったく異なります。しかし、中小企業の事業規模で考えると、優れた特許の製品は買い叩かれるか、権利保護の期限が切れ、真似されてまったく売れなくなり、市場から真っ先に消えていくのが一般的です。

逆にバイオテクノロジーなど他社が真似できないような技術の場合には、特許を取らないで一人勝ちしているほうがいいでしょう。いざとなれば会社ごと売却すればよいわけですから。

つまり、出口戦略まで考えている場合のみ、特許を取ることをおすすめします。

ANSWER

特許の取得は、出口戦略を練ってから。

既存顧客を大事にする VS 新規顧客を取りにいく

ＬＴＶというマーケティング用語をご存じでしょうか。これはＬｉｆｅ Ｔｉｍｅ Ｖａｌｕｅの略で、新しい顧客が自分の会社と取引を開始してから終了するまでの間に、どのくらいの利益をもたらすか、それを示すマーケティングの指標です。

近年、企業はこのＬＴＶという指標を非常に重視しており、これをどれだけ上げられるかを常に考えています。たとえば、最近注目されているビジネスモデルで言うならば、サブスクリプションなどがいい例です。サブスクはいかに継続してもらうか、その継続率が売上の肝になっています。ですから、このLTVを上げるための経営計画を常に打ち出しているのです。

ではLTVを意識したビジネスモデルを構築するとなった場合、一番重要になってくるのはなんでしょうか。

それは**既存顧客との付き合い方**です。新規顧客を獲得したとしても、それ以降の取引がなければLTVは上がりません。そのため、**いかに既存顧客とうまく付き合い、引き止め続けられるのかという点に注力する必要がある**のです。

もちろん新規顧客の獲得も無視していいわけではありません。既存顧客も最初は新規ですから、ある程度は新規顧客の獲得も意識する必要があるでしょう。

では、どのくらいの割合で考えていくのがいいかと言うと、私の顧問先のデータを見ていると、**おおよそ8割程度のリソースを既存顧客に注ぐのがいい**という印象です。

よく広告をガンガンに回して8割のリソースを新規顧客の獲得に注いでいる会社も

ありますが、これは非常にコストパフォーマンスが悪いです。新規顧客を獲得することは既存顧客を引き止めるよりも圧倒的に労力がかかるからです。

そのため、コツコツと新規顧客を獲得して、いかに引き止めていくか、そこに注力する経営が売上を安定させると言えるでしょう。

接触回数を増やして既存顧客の信用を高める

一度でも取引をした履歴がある顧客は、細くとも関係が作られている状態であることをしっかりと認識しましょう。**そこから、いかにして次の取引につなげて定着させるかが非常に重要です**。

一般的に顧客は取引が定着してしまえば、大きな要因がない限り別の会社やサービスに切り替えることはありません。これは「ザイオンス効果」と言って、接触回数が増えれば増えるほど相手の印象や好感度が高まり、関心の度合いが増すという心理的な作用が働くためです。つまり既存顧客と何度も取引することは、信頼関係の強化につながるということなのです。

今は顧客が「どこ」ではなく「誰」から買うのかを意識している時代です。

ですから、企業はその点を意識して、**取引を含めた接触回数を増やしていき、既存顧客と関係を深めながら信頼を獲得し、選んでもらうことが重要です。**

その上で、顧客がアクションを起こした際にすぐにサービスを提案できるよう準備しておく。それがこれからの会社に必要なことなのかもしれません。

ANSWER

新規顧客の獲得は非常に労力を伴う。既存顧客を大切に！

継続収入 VS 単発収入

税理士の仕事を始めて数年経った、30歳の頃の話です。その頃、私は税理士として仕事をするにあたり、「相続の仕事は今後はしない」と決めました。

相続案件というのは誰かが亡くなり、そのタイミングで依頼が来る仕事です。次の案件はいつ来るんだろう……と誰かが亡くなることを望みながら毎日仕事をするのは嫌でした。

その上、**単発の仕事ですから、これを続けていくのは厳しい**と感じたのです。

相続案件は、申告の金額によって報酬が変わります。つまり申告額が高ければ非常に割りがいい仕事になるのです。そのため相続専門の税理士法人も多いです。

それでも、人が亡くなるのを待つ商売はあまり気分がいいものではありません。それならば、起業してこれから頑張っていこうという人を応援したい、そう考えて、現在に至るまで法人の顧問を専門として税理士の仕事をしています。

しかも、**法人の顧問であれば、毎月安定的な売上が見込めます。**

ただ当時の話をすると、法人の顧問に力を入れようと考えたものの、30歳の税理士というのはかなり若いため、「あんたで大丈夫?」と言われることが多々ありました。50歳くらいの社長からすると、30歳の税理士は頼りなく見えたのかもしれません。

ですから、当初は顧問先を獲得するのにだいぶ苦労しました。年齢が離れた経営者からはなかなか顧問契約が取れないということもあり、私は自分の年齢プラスマイナス5歳の、起業したばかりの経営者をターゲットに絞ることにしました。同じ視点で話せるのであれば、顧客も安心するだろうと考えたのです。

これが功を奏し、順調に顧問契約を取ることができるようになりました。今でも当時顧問になった経営者の方々とは顧問税理士として取引をさせていただいております。**法人の顧問契約は継続収入ですから、それ以降、私の収入はかなり安定しています。**ＬＴＶもかなり高く、一番高い顧問先はＬＴＶが９０００万円ほどになっています。

継続収入と単発収入を比較して一番大きな違いとして挙げられるのは、安定性です。相続案件と法人の顧問契約をイメージしていただけるとわかるかと思いますが、顧問契約だと翌月以降の売上が確定しているので非常に安定しているのです。

確実に売上が入ってくる。これが見通せるのは会社を経営する上では非常に大きなメリットになります。翌月以降の予算や経費の使い方、経営計画の立て方を含め、先のことが見通せるため、継続的な収入は圧倒的に経営を安定させることができるのです。

業種によっては単発収入のほうが多いという会社もあるかもしれませんが、現状は単発収入が多くても、それを継続収入のビジネスモデルにつなげられるかどうかは、今後の課題として検討すべきだと言えるでしょう。

たとえば先にお話しした太陽光パネルの例であれば、装置自体を設置してしまえば基本的にはそこで取引が終わってしまう単発収入のビジネスモデルですが、定期的なメンテナンスをつけることで継続的な収益が上がる仕組みになっています。

他にもトヨタ自動車などは車の販売だけであれば単発収入ですが、車検時に「メンテナンスパック」の営業をします。これは、半年ごとの車両点検をパック料金で販売し、次回の車検までのメンテナンスを行うというもの。場合によっては車検時に新車の提案も行っています。つまり、サブスクで車検まで継続してもらうような仕組みですね。

各社、工夫して単発収入から継続収入へとつながるようなビジネスモデルを作っています。**「売上は固定（継続収入）、経費は変動（外注、業務委託）」**という形にできれば理想的です。

ANSWER
▼

経営を安定させるなら、継続収入を前提としたビジネスモデルを考えよう。

ヘラブナ釣りvsニジマス釣り

私は釣りが趣味です。小さい頃から大学を出るくらいまでは、ずっとニジマスを釣っていました。ニジマスは基本的に見えるところに行かないと釣れません。ですから、魚影が見えるように偏光サングラスをかけて、ゆっくり寄っていき魚影が見えるところからエサを流して誘いながら釣ります。これがニジマスの釣り方です。

これをマーケティングに絡めて考えると、ニジマス釣りは**こちらから出向いて販売**

する「プッシュ型」の手法に似ています。

見込み客がいないところに行っても成果が出ないため、しっかりと魚影（見込み客）を確認し、そこにアプローチして釣り上げる。そんなイメージです。

一方で、このニジマス釣りとまったく異なる釣り方がヘラブナ釣りです。ヘラブナ釣りは「今日一日、ここで座って釣る！」と場所を決め、ひたすらそこでエサを撒いて魚を寄せて釣る手法をとります。つまり、こちらから探すのではなく、集める。サナギ粉や魚粉という茶色いエサを撒き、それが濃くなればなるほど魚が寄ってくるのです。

だからエサを撒けば撒くほど魚が寄ってくるし、寄せれば寄せるほど釣れる可能性が高くなります。マーケティングに絡めて考えると、**「プル型」**の手法に似ています。**顧客をこちらに引き寄せて売る**という手法ですね。

では、ニジマス釣りとヘラブナ釣りを、経営という側面で見たときにどちらが安定するのかと言うと、**ヘラブナ釣りのようにプル型で顧客を寄せてからコツコツ釣って**

いくほうが、売上が安定し、最終的な売上も大きくなるでしょう。

プッシュ型よりもプル型のほうが顧客をファン化しやすく、相手から電話や問い合わせがくるような形さえできれば、価格面でも強気の交渉ができます。

プッシュ型のようにお客様を追いかける形だと、「いくらでやるの？」と相手優位の取引になる可能性も否めません。だからプル型のほうが最終的には売上が大きくなるのです。

しかし、ヘラブナ釣りもそうなのですが、このプル型の販売方法のデメリットとして、すぐに結果が出ないという点が挙げられます。

ヘラブナ釣りも最初はエサを撒いて、そこから魚が集まってくるまでに時間がかかります。ニジマス釣りは、確実に見込み客がいるところに行けば釣れる可能性がありますが、ヘラブナ釣りはひたすら我慢が必要になってくるのです。

ただ、一度集まってしまえば同じ場所でどんどん集まってくるのがヘラブナ釣りのいいところで、そこから一匹一匹コツコツと釣り上げることさえできれば、最終的に大きな成果につながります。
瞬間的ではなく長い目で見るプル型であれば、継続収入にもつなげやすいので、ぜひヘラブナ釣りのようなプル型の販売方法を目指してみてください。

ANSWER
▼

寄せて釣り込むヘラブナ釣りのようなプル型のビジネスモデルを目指そう！

一つの会社に発注する VS 複数の会社に発注する

とあるリフォーム会社の話です。そこの社長が「実は工務店から強気の値下げ交渉をされている」と私に相談をしてきました。

その会社は一人社長なのですが、50人くらいの大工さんを外注できるほど人脈が豊富で、その工務店にも大工さんを派遣していたそうです。相手の工務店は社長に対して「たくさん仕事を発注してやっているのだから、少しくらい値下げに応じろ」と、その一点張りで、こちらの話を一切聞こうとしないそうです。

さすがにいきなり契約を切られても困るので、要求を呑もうと考えているけど、かなりの値下げを要求されているので困っている……そのような相談でした。

そこで私が「現状でそこの工務店の全体の仕事のうち、どのくらいの割合を御社で受けているの？」と聞いてみると、「6割くらいの仕事はうちが下請けしています」という答えが。それを聞き、私は「それなら値下げは拒否して大丈夫です」と伝え、安心してくださいと社長に言ったのです。

社長は「どうしてですか？」と不思議そうな表情でしたが、これはとても簡単な話です。なぜなら、**6割も下請けとしてシェアを持っているのであれば「その価格でやれというなら、明日から下請けは一切受けません」と言ってしまえば、その工務店はあっという間につぶれてしまうからです。**

そう伝えると、社長は「わかりました」と言って帰り、その後うまく交渉がまとまったと連絡がありました。

以前、Ａｍａｚｏｎがヤマト運輸の運賃値上げ要求に応じるというニュースがありましたが、そのニュースを聞いたとき、私はこのリフォーム会社のことを思い出していました。

ヤマトは日本を代表する運送会社ではありますが、それでもＧＡＦＡの一角であるＡｍａｚｏｎという世界的企業に比べると、その規模は見劣りします。しかし、Ａｍａｚｏｎはヤマトの運賃値上げ要求に応じました。

もちろんさまざまな理由があるとは思いますが、一番大きな要因として推測できるのが、**シェアの理論**です。ヤマトはＡｍａｚｏｎの配送シェアのうち大部分を占めており、**仮にもしヤマトがＡｍａｚｏｎの物流を止めてしまったら、Ａｍａｚｏｎはすべてのビジネスが止まってしまう**のです。

Ａｍａｚｏｎや先ほどの工務店のように、発注側が常に絶対に強い立場というわけでは決してありません。**シェアさえ持っていれば、下請けが逆に強くなるケースも出てくるわけです。自分が下請けなのであれば、自分の会社を使わざるを得ないような状況を作っていくのが重要**だと言えます。

ユニ・チャームやドトールコーヒーの創業者などを門下生としていた経営コンサルタントの一倉定さんが言うには、**シェア率が10%以下の会社は「限界生産者」と言って、不況になったらすぐに切られる可能性がある会社**なのだそうです。つまり、商売するのに限界があるということ。だから、自分の会社が限界生産者になってはダメだし、限界生産者と付き合うのも連鎖倒産などの影響を受けるため、ダメだと言っています。

一倉さんの経験上、安定的なシェアは大体35%なのだそう。そのくらいのシェアを持っていれば、不況に陥ったとしても相手は簡単に切れないという話でした。

常に自社の取引先のシェア率はチェックしておくべきです。

自社が発注側であれば、一つの会社に依存しない体制を作る。受注側であれば、取引先でのシェア率を高める。これが大切です。

ANSWER

ビジネスの力関係はシェア率で決まっていく。

外注化する VS 社員を雇用する

最近は、起業する方の中でも一人社長が増えてきています。以前は社員を雇用して、その労働力を使って事業を大きく広げていくことがセオリーでした。しかし現在では社員を雇用して労働力を確保するのではなく、外注や業務委託という形で事業を拡大する手法が一般的になりつつあります。

これは社員を雇用するよりも、**外注や業務委託のほうが「対応力」という点で大きくメリットがあるから**と考えられます。外注や業務委託と聞くと仕事や契約だけでつながっていて非常にドライな印象を受ける方もいるかもしれませんが、実際に社員を雇用するほうがさまざまな面で不確定要素が多く、リスクが非常に大きいのです。

たとえば社員を募集したとして、どのような人が来るかわかりません。何か問題が生じて解雇をするとなった場合、「不当解雇だ」と訴えられる可能性もあります。

また、会社が負担する社会保険料も非常に高いです。それらを考えると一定の事業規模になるまでは、雇用するよりも業務委託や外注のほうが、メリットが大きいと判断する経営者が多いというのは、当然だと言えるでしょう。

年商4億円の一人社長、社員はいらない？

先ほども少し触れましたが、私のクライアントの中にも、売上が4億円ほどあるにもかかわらず、一人社長で切り盛りしている会社があります。

今のように外注や業務委託が一般的ではなかった時代には、4億円規模の会社であれば、少なくとも社員は10人前後いるのが通常でした。その会社も、もともとは30人ほど社員がいたそうです。

しかし、社会保険料の負担や人件費の高騰、優秀な人材の確保など、さまざまな問題を解決していくにあたり、最終的に一人で会社を経営する方向に舵を切ったのです。社員がいなくなったことで売上は下がったそうですが、それでも4億円の売上を安定して維持し、ストレスなく会社を経営しています。

もちろん、一人ですべてをやっているのではなく、**外注や業務委託を上手に使ってチーム化し、社員を抱えてきたときと同じような形で会社を維持している**そうです。

その社長は、「社員を抱えていたときよりも、一人のほうが圧倒的にリスクが小さくなった」と言っていました。

もちろん事業規模が大きくなってきたら、社員を雇わなければ会社は回らなくなると思いますが、数億円の事業規模でも業種によっては、外注と業務委託だけで会社が運営できる時代になっています。

経費は固定ではなく変動にしよう

111ページでも触れましたが、私は基本的には、**「売上は固定、経費は変動」という経営方法が一番安定する**と考えています。固定費と売上に応じて臨機応変に変えられる経費の割合を考えたとき、**売上に対応できる変動費の割合が多いほうが、資金繰りという面でリスクが低い**ということです。

外注化するということは、売上に比例して経費が発生することを意味します。よって、売上が安定しない会社の場合には、リスクヘッジになります。

先に触れたように、事業を継続していく中では、どうしても売上などの波は出てきます。そのタイミングに合わせて経費を対応させていくことができれば、経営面でのリスクはかなり抑えることができ、事業の安定化につながるのです。

ANSWER
まずは外注や業務委託がおすすめ。

正社員を採用 VS 派遣社員と契約

外注と社員では、外注をうまく使うという点に分があるとお話ししましたが「正社員と派遣社員」で考えたときはどうでしょうか。

十数年前には、「派遣切り」という言葉がニュースで流れていました。契約を切られた派遣社員の方がインタビューで「これだと雇用が安定しない」というようなことをよく言っていました。

たしかに、長く働こうと考えていたのにいきなり契約を切られてしまってはたまったものではありません。しかし、契約という側面から考えると、人件費を削るのであれば、正社員よりも派遣社員のほうが切りやすい状況にあるのが現状です。

ちなみに、私の事務所も派遣切りで大変な思いをしたことがあります。と言っても、私の場合は派遣切りをした側ではなく、**逆に派遣切りをされてしまったのです。**

税理士事務所の中で比較的多い仕事として、「仕訳の入力作業」があります。顧問先から領収書などを受け取り、それらを経費として会計ソフトに入力していく作業です。ある程度慣れてくると事務的に処理できるのですが、会計の知識が少し求められるため、私の事務所は会計の専門学校から紹介を受け、仕訳入力の派遣社員を事務所に迎え入れていました。

その方は会計の専門学校にいて会計の知識もあったため、こちらも来る繁忙期に備えて丁寧に仕事を教えていたのですが、繁忙期の直前にいきなり「辞めます」と言われてしまったのです。こちらとしては、完全に繁忙期の戦力として考えていたので、非常に困ってしまいました。

それ以降、ニュースなどで派遣切りが話題にのぼると、逆側で切られたほうの立場の話も聞いてほしいなと思ったりしたものです。

私の事務所ではそのような経緯もあり、**ある程度労働力を確保したいと考える場合には、正社員を採用することにしています**。

正社員と派遣社員の大きな違いとして、派遣社員はあなたの会社の社員ではありませんから、正社員と比べて、会社に対する忠誠心が低くなるのは当然です。そのため、仕事の内容もどうしても重要な仕事や裁量が大きい仕事ではなく、定型的な内容を依頼することが多くなります。

派遣社員もそれを受け入れる会社も、お互いさまの部分は大きいので、そこは仕方ないでしょう。

また、私の事務所のように顧問先の情報や重要な書類を扱う会社の場合は、派遣社員に任せられる仕事が制限されることもあるため、業種によっては派遣社員の扱いが難しい会社もあるのではないでしょうか。

しかし、逆に言うと情報管理がそれほど求められない会社や、**教育がそれほど必要のない事務的な業務が多い会社などは、派遣社員にお任せするほうがメリットが大きい**と思います。

社会保険料も派遣元の会社が持つため、コスト面を考えると、派遣社員を検討する余地はあると言えるでしょう。

ANSWER

仕事内容や社会保険料の負担などと照らし合わせて、選択しよう。

未来志向でいく VS 成功体験を大事にする

会社を経営していく上で、成功体験は重要です。成功体験があるからこそ新しいチャレンジができることもあり、事業を大きくする上では大きな糧になると言えます。

しかし、いくら成功体験が重要だと言っても、**時代に取り残されてしまっている状況で過去の成功例にばかり固執してしまうのはどうでしょうか**。おそらくその会社の事業はたちまち立ち行かなくなっていくと思います。

酒を飲みながら「昔はこうだったんだけどな」、そんな愚痴を言っているような経営者ではダメなのです。それは過去に囚われ、外部環境の変化にまったく対応できていないということを意味します。

たとえば簡単な動画を撮りましょうとなったときに、いまだにビデオカメラや編集用の機材を購入しようとする方がいます。簡単な動画を撮ると言っているのですから、スマートフォンで撮影すればいいのです。

編集だって外注に出せばそれなりのクオリティーの動画が作れてしまう時代です。しかし、そのような感覚を持っていないし、知らない。結局のところ、自分が一番よかった時代で思考が止まってしまい、変化に対応できずにどんどん置いていかれている、そんな状況を自分で把握できていない、これは大きな問題だと思います。

「昔はこうだった……」、その気持ちはよくわかります。そして本当に成功したこともあったから、同じようにやればまたうまくいくと思ってしまうのも理解できます。

しかし、今の時代の変化は非常に速く、**数年経てばこれまでのやり方がまったく通**

用しなくなってしまうのです。20年前はSNSも一般的ではありませんでしたし、10年前はYouTubeなどで動画を配信するということも今ほど当たり前ではありませんでした。

昔はそのやり方でよかったのかもしれませんが、今では通用しなくなっているということを、しっかりと認識するところから始めなくてはなりません。

今は常に新しいものが出てきて、その新しいものを究めている人たちがどんどん出てきています。先をしっかり見据えていなければ、その人たちにこれからずっと勝てなくなってしまうのです。

国は未来に対応する企業を支援している

流行の最先端を追えと言っているわけではありません。**時代がどう動いていくのか、そこを把握することが必要だと言っているのです。**

「そうは言っても何をどうしたらいいのかわからないよ」、そんな方も多いと思います。そういった場合は、**国がこれからの中小企業をどのように見据えているのか、そ**

こをチェックしてください。

毎年、夏に入る頃に中小企業庁が「中小企業白書」を発表しています。そこには中小企業の現状や、問題点、今後の課題などが事例も含め事細かに記載されています。つまり、**中小企業についての動向や今後の時代の流れについて、国がしっかりと分析し、どのように変化していくのか予測している**のです。

また、そこに挙がっている問題点や課題、これを解決するために国がどのように施策を打っているのかという一覧も、「中小企業施策」という形で発表されています。

中小企業施策を見るとわかりますが、国は既存の会社を底上げするのではなく、**今後の時代の流れに対応できる未来志向の企業を優先して支援しています。**

国が中小企業を助ける施策は大きく分けると3つ。一つ目は「補助金や助成金」、2つ目は「融資」、3つ目は「税制」です。

これら3つの施策は、基本的に国の方針に合った分野に注力されます。つまり、**国が目指しているベクトルに乗っている企業がこれらの3つの施策を享受できる形に**

なっているということです。

ですから、事業がうまくいかないときには、中小企業白書などを参考に国や自治体などが求めている方向性を把握した上で、新しい事業を始めたり、今後の経営の方向性などを決めたりしていくと、国からの支援が受けやすくなると言えます。

逆にここをまったく把握せずに「昔はよかった……」と愚痴だけを言うようになってしまうと、いくら国が中小企業に対して潤沢に資金を投入したとしても、その支援を受けることが難しくなってしまいます。

もちろん現状の事業がうまくいっているのであれば問題ありません。それが継続するように維持していくことを優先すべきですが、売上が落ちていて、将来の見通しが芳しくないと考えているのであれば、**国が定めている方向に事業のベクトルを向けていくほうが、会社としても明るい兆しが見えてくる**のではないでしょうか。

あの世界のトヨタ自動車ですら、これまで手をつけてこなかった電気自動車に力を入れるようになりました。当初はハイブリッドカーに力を入れていましたが、世界の市場の流れを見て、事業を修正し電気自動車の開発に舵を切ったのです。

また、富士フイルムも、もともとはカメラ用のフィルムを作っていましたが、デジタルカメラの普及とともにフィルムの需要がなくなることを見越して、フィルムの技術を活かす形で医療や美容に事業をシフトし経営を立て直しました。

大企業ですら過去の成功例に囚われずに、将来を見据えてトライアンドエラーを繰り返しながら、時代の変化に対応しようと日々努力をしています。小回りは中小企業のほうが圧倒的に利くわけですから、その優位性は活かすべきです。

時代の変化にもっと敏感になり、フットワークを軽くしていかなければ、中小企業はあっという間に淘汰されて消えてしまいます。

環境がどのように変化していくのか、しっかりとアンテナを張りながら、自分のポジションを有利に変えていく必要があるのではないでしょうか。

ANSWER

未来を見据えて事業を進めよう。

第3章

税務の選択

青色申告 VS 白色申告

個人も法人もそうですが、基本的に届けを出さなければ、申告は白色申告です。法人に白色申告があるのを知らない方もいるかもしれませんが、理由なく二期連続で申告期限を超えて申告してしまうと、青色申告は取り消されてしまいます。

青色申告と白色申告では、**基本的には青色申告のほうがメリットが大きい**です。**青**

色申告だと税制面でさまざまな恩恵を受けられるためです。

まずは個人事業主の青色申告のメリットを3つ、ご紹介します。

1．青色申告特別控除

「青色申告特別控除」とは、青色申告で確定申告を行う人が一定の要件を満たすことで所得控除が受けられる制度です。

通常、売上から経費を差し引いた金額が所得となりますが、**青色申告特別控除を受けると、その所得から領収書がなくても10万円の経費を無条件で差し引くことが認められます。**

また会計ソフトを利用して複式簿記で、収支明細だけでなく貸借対照表の明細を添付し、e－Taxを利用して申告すると、この10万円の所得控除の金額が65万円に跳ね上がります。つまり、65万円が所得から差し引かれるのです。

これは非常に大きいです。青色申告をする場合には絶対に受けてほしい控除です。

2. 純損失の繰越控除

事業を立ち上げたばかりのときはさまざまな経費がかかり、事業所得が大きく赤字になってしまう……というのは起業時によくある話です。

しかし**この赤字、実は青色申告を選択すると、3年間にわたり翌年以降の黒字と通算できる**のです。これを**純損失の繰越控除**と言います。

たとえば、初年度は事業の立ち上げでさまざまな経費がかかり、最終的に100万円の赤字が出てしまったとします。そして2年目で頑張って、なんとか100万円の黒字が出たとしましょう。

このとき、通常であれば100万円の所得に対して所得税がかかってくるのですが、青色申告であれば繰越控除を利用できるので、初年度の100万円の赤字を2年目の所得である100万円で通算することができます。

つまり、2年目の100万円の黒字から初年度の100万円の赤字を差し引くことができるため、**最終的な所得は0円となり所得税が発生しなくなる**のです。初年度は先行投資があるケースが多いので、これは非常に助かる制度です。

また、この繰越控除は副業をされていて事業所得が赤字になっている方の場合には**給与と損益通算することが可能**なので、**給与から源泉徴収されていた所得税が還付されます。**

不動産事業の副業をしている会社員などが当てはまるケースですね。建物の減価償却費や金利、空室などにより不動産所得が赤字になってしまった場合に役立ちます。

3. 青色事業専従者給与

所得税法では配偶者や同一生計の家族への給与の支給を認めていません。しかし、青色申告の場合に「青色事業専従者給与」の届けを出せば、**配偶者や同一生計の家族にも給与を支給することができるため、家族に給与を支払うことで大きな節税効果を生み出すことが可能となります。**

所得税は超過累進税率という方法で計算されています。簡単に言ってしまえば、所得金額が上がれば上がるほど税金が高くなります。そのため、**青色事業専従者給与を活用し自分の所得を家族に分散することができれば、所得税を安く抑えられます。**

たとえば所得1000万円のAさんのケースで考えてみましょう。

Aさんが1000万円の所得で申告した場合、**所得税は約143万円、住民税は約90万円で合計約233万円**です。一方、青色事業専従者給与を活用し、Aさんの配偶者に500万円を支給すると、Aさんの所得は500万円となります。**500万円の所得税は約35万円、住民税が約40万円で合計約75万円**ですから、Aさんが支払う税金は大きく抑えられたことになります。

もちろんAさんの配偶者も給与として500万円を支給されているので所得税が発生しますが、**Aさん一人で1000万円の所得で申告するよりも、大幅に所得税を抑えることができる**のです。家族が経理や振込、電話番など事業の手伝いをしている個人事業主の方にはぜひ活用いただきたい制度です。

注意点は、青色事業専従者給与の「専従者」という言葉。読んで字のごとく「専ら従事していること」が前提となります。そのため、家族の方が他でパートやアルバイトなどをしている場合には、青色事業専従者給与は支給できません。

法人の白色申告は絶対に避けよう

法人の場合、白色申告はデメリットでしかありません。

たとえば、銀行に融資の申し込みをする際に決算書を提出しますが、その際に白色申告を提出すると非常に見栄えが悪いですし、銀行からの印象もよくありません。基本的に法人は青色申告ですから、白色申告を提出すると二期連続で期限後申告をしていると判断され、「いい加減な会社」というレッテルが貼られてしまいます。

もしくは、顧問税理士がおらず何も届出書を提出していない、というパターンも考えられるため、銀行から「大丈夫かな?」と思われてしまいます。

ちなみにこれは余談ですが、法人で白色になっているケースとして「休眠会社」が挙げられます。休眠会社というのは長期間にわたって企業活動を行っていない会社のことで、そのまま放置してしまい申告をしていない会社も多いのが現状です。

私も過去に長年申告していなかった休眠会社が突然売上が立つことになったという理由で、「休眠期間中の申告をお願いします」という駆け込みの依頼を受けたことがあります。個人事業主であれば、基礎控除以下の所得がないような状態なら申告義務がないため申告は不要なのですが、法人の場合は休眠していても申告は必要なので、申告していない分は決算書を作って申告しなければならないのです。

そうなると、申告を依頼する税理士に、申告していなかった決算分の報酬を支払う必要が出てくるため、**場合によっては新しい法人を作ったほうが安くあがる**というケースもあります。休眠状態から起こすと白色になってしまいますが、新しい法人を作ると青色で始められますので、そのような場合はメリット・デメリットを考えて、新しく法人を作ることも検討したほうがいいかもしれません。

法人の青色申告の大きなメリット2つ

さて、法人の青色申告の特典の中でも覚えておいていただきたいのが、**少額減価償**

却資産（取得価額が30万円未満）の取得価額の損金算入と**繰戻し還付**です。

前者は、パソコンやスマートフォンの購入代金で10万円を超えるものを、一括で費用処理できるという特例です（個人事業主も、青色申告の場合は適用可能）。

後者は、前期が黒字で今期が赤字だった場合、**今期の赤字部分の税金を過去に支払った税金から返してもらえる**という、大変ありがたい制度です。

たとえば前期が１００万円の黒字で今期が１００万円の赤字の場合、前期の申告の際に支払った法人税がそのまま還付されるイメージです。ですから、資金繰りが悪い赤字の会社で前期が黒字だった場合は、繰戻し還付を検討することをおすすめします。

ただ一点注意点として挙げるならば、繰戻し還付は国税のみの制度のため、事業税や住民税などの地方税は対象外です。

ANSWER

青色申告にはさまざまな特典があり、税金面でもメリットが大きい。

減価償却は定率法で vs 減価償却は定額法で

減価償却とは、車や不動産など高額な資産を購入した際に、それらを一括で費用計上するのではなく、使用可能期間にわたって、分割して費用計上する会計処理の方法です。どうしてそんなややこしいことをするのかと言うと、不動産や車などの購入で高額な資産を一気に費用処理すると、どれだけ黒字だったとしても、一気に赤字に転落してしまい、正確な利益を算出することができなくなってしまうからです。そのため、高額な資産を購入した場合は減価償却を使い、耐用年数をもとにならして少しずつ費用として計上するのです。

この減価償却には**定額法**と**定率法**の2種類の計算方法があります。

定額法とは毎期一定の金額を償却する計算方法で、1年目から耐用年数の最後の年まで同じ費用負担で償却していきます。たとえば耐用年数6年で600万円の車を購入した場合、毎年100万円が費用として計上されます（残存簿価は省いています）。

一方で**定率法とは、毎年資産を同じ割合で償却する計算方法で、最初の年度が最も高く償却され、年々減少していきます**。

たとえば先ほどの600万円の車を定率法で償却する場合、償却率は0・333ですので、初年度は600万円×0・333＝199・8万円で、初年度に200万円近い金額を費用として計上することができます。そして翌年は(600万円－199・8万円)×0・333＝133・2万円、そして3年目は（600万円－199・8万円－133・2万円）×0・333＝88・9万円……と、このようなイメージです。

ちなみに、**減価償却は原則として法人は定率法、個人事業主は定額法**となっていますが、税務署に届けを提出すると償却方法を変更できます（ただし、建物や建物付属設備・構築物・ソフトウェアについては、個人・法人を問わず定額法）。

では減価償却は、定額法と定率法のどちらを選択するといいのでしょうか。

これはケースバイケースで、状況によって変わってきます。たとえば法人を立ち上げたばかりの、売上がまだ立っていない状況で高額な固定資産を購入したとしましょう。その場合、定率法で償却すると、減価償却によって決算書が大赤字になってしまい、今後の融資に影響するかもしれません。そのようなとき、**税務署に届けを提出して償却方法を定額法に変更することで、減価償却による赤字を回避できます。**

逆に大きな利益が出そうな状況であれば、届けを出さずにそのまま定率法で償却するほうがメリットは大きいです。

もちろん銀行などは、償却方法が定額法に変更されれば気づきます。その際に「どうして償却方法を変更しているのですか」と聞かれて**「利益を出したかったので定額**

法に変更しました」なんてことは絶対に言ってはいけません。

本音としてはそうなのかもしれませんが、それだと銀行側から粉飾決算をしていると認識されてしまいます。ですから、その場合には**「毎年同じ償却金額にしておいたほうが利益が計算しやすいので……」**と、言っておくのがいいでしょう。

ちなみに、よく車で4年落ちの中古車を買うと節税になるという話がありますが、あれは典型的な減価償却を使ったスキームです。

普通車というのは基本的に耐用年数が6年です。4年落ちの車だと耐用年数が残りの2年になります。定率法の場合、耐用年数2年の償却率は1・000です。

つまり、資産として購入して1年持っているだけで、購入金額をそのまま費用として計上できるのです。ですから、4年落ちのそこそこ金額の高い車を買えば、それがすべて費用計上できるため、利益が圧縮できるというわけですね。

ANSWER

どちらがいいかはケース・バイ・ケース。

消費税は原則課税で

vs

消費税は簡易課税で

消費税は、すべての事業者が同じように計算されているわけではありません。売上が5000万円以下の課税事業者であれば、消費税の算出方法を選択できます。

消費税の算出方法は2種類。一つは、受け取った消費税から実際に支払った消費税を控除して納税額を計算する**原則課税**。もう一つは、受け取った消費税に対して「みなし仕入率」という一定の割合を乗じて納税額を計算する**簡易課税**です。

受け取った消費税から支払った消費税を控除して計算する原則課税はわかりやすいと思いますが、簡易課税は少しイメージしづらいので、簡単に説明します。

原則課税と簡易課税の大きな違いは、支払った消費税（正確には仕入税額控除と言います）の算出方法にあります。

原則課税では支払った消費税を一つひとつ計算していくのに対し、簡易課税は6つの事業区分ごとに分けられた「みなし仕入率」（次ページ）を使って、簡易的に消費税を算出するのです。つまり、売上だけわかれば消費税の税額が計算できます。

たとえば青果店で考えてみましょう。ある青果店が、税込3300円のマスクメロンを仕入れました。そしてそのマスクメロンを税込5500円で販売したとします。原則課税であれば支払った消費税が300円、預かった消費税500円となり、500円－300円＝200円が納めるべき消費税となります。

一方で簡易課税では、まずは青果店の事業区分を調べます。一般消費者に販売する

事業区分	みなし仕入率	該当する事業
第１種事業	90%	卸売業(他の者から購入した商品をその性質、形状を変更しないで他の事業者に対して販売する事業)
第２種事業	80%	小売業(他の者から購入した商品をその性質、形状を変更しないで販売する事業で第１種事業以外のもの)、農業・林業・漁業（飲食料品の譲渡に係る事業）
第３種事業	70%	農業・林業・漁業（飲食料品の譲渡に係る事業を除く)、鉱業、建設業、製造業（製造小売業を含む)、電気業、ガス業、熱供給業および水道業 ※第１種事業、第２種事業に該当するものおよび加工賃その他これに類する料金を対価とする役務の提供を除く
第４種事業	60%	第１種事業、第２種事業、第３種事業、第５種事業および第６種事業以外の事業。具体的には、飲食店業など ※第３種事業から除かれる加工賃その他これに類する料金を対価とする役務の提供を行う事業も第４種事業となる
第５種事業	50%	運輸通信業、金融・保険業、サービス業（飲食店業に該当する事業を除く) ※第１種事業から第３種事業までの事業に該当する事業を除く
第６種事業	40%	不動産業

青果店は第2種事業に該当するため、みなし仕入率は80％です。次に、預かった消費税にみなし仕入率を乗じて、仕入税額控除を求めます。このケースであれば５００円×80％＝４００円、これが仕入税額控除です。そして預かった消費税から仕入税額控除を差し引き、納付すべき消費税を求めます。今回なら５００円－４００円＝１００円、これが納めるべき消費税となるのです。

この例でわかると思いますが、**原則課税と簡易課税で支払う消費税が変わってくる**ため、状況によっては節税することができます。今回だと、簡易課税のほうが消費税が抑えられますが、**必ずしも簡易課税が得**

になるわけではないため、選択する際はどちらが得になるか税理士にシミュレーションしてもらうことをおすすめします。

ちなみに注意点としては、**簡易課税を選択した場合、2年間は継続適用しなければなりません。**「今期は簡易課税がいいので届けを出したけど、来期は原則課税で計算してほしい」ということができません。

また、大きな設備投資が出てしまった場合、原則課税であれば消費税が還付される可能性がありますが、簡易課税は計算の仕組み上、赤字が出ていても還付にはならないため、輸出の売上が多い企業など還付が出る可能性がある業種は、簡易課税の選択はおすすめしません。

消費税の計算方法の選択は損得が必ず生じます。ですから、しっかりとシミュレーションを行って、得をする選択をしてください。

ANSWER
▼

シミュレーションをして、税額が低くなるほうを選ぼう。

特別償却 VS 税額控除

事業規模を拡大する上で欠かすことができないのが、設備投資です。定期的な設備投資は、生産効率の向上や売上の拡大など、事業拡大の起爆剤として一役買うケースも珍しくありません。ただ、設備投資は資金的に大きな負担が伴うというデメリットも存在します。そのため、国は税制優遇措置として「特別償却」や「税額控除」などを設け、中小企業に積極的な設備投資を促しているのです。

この特別償却と税額控除はうまく利用すると大きな節税効果を期待できますが、**両者の違いを把握していなければ、十分にその効果を享受できない可能性もあります**。どのような違いがあるのかしっかりと理解しておきましょう。

ここでは、中小企業投資促進税制を例として解説していきます。

まず、特別償却について。**特別償却とは、通常の減価償却費に加えて別途で経費が追加計上できる制度です**。

たとえば、ある会社が耐用年数8年（償却率0・250）の1000万円の機械を購入したとしましょう。通常であれば1000万円×0・250＝250万円を減価償却として、費用計上することができます。しかし、特別償却が利用できる場合は、**これに加えてさらに償却費を加算することができる**のです。

中小企業投資促進税制の場合、通常の減価償却に加えて基準取得価額の30％を追加で償却できるため、1000万円×30％＝300万円を費用として追加計上可能です。初年度で250万円＋300万円＝550万円を一気に費用計上できるのです。

一方の税額控除は、**法人税等から直接、一定の金額を差し引くことができる制度**です。中小企業投資促進税制の場合、基準取得価額の７％が税額控除の対象になるため、たとえば１０００万円の機械を購入した場合であれば１０００万円×７％＝70万円、これをまるまる法人税から直接差し引くことが可能となります（ただし、上限が法人税額の20％までという制限があるため、70万円をまるまる控除するのであれば、納税すべき法人税額が３５０万円以上必要です）。

特別償却と税額控除、どっちがお得？

では、どちらが得になるのかという話ですが、私がクライアントに提案する際は**基本的には税額控除をおすすめしています**。

というのも、**税額控除は税金から直接差し引くことができるため、節税対策として非常にダイレクトに効果を発揮するから**。特別償却はあくまでも減価償却の前倒しなので、耐用年数までで考えると、トータルの償却費は変わりません（購入時の事業年度の法人所得を減らしたい場合には有効です）。

ただし、**利益が低く法人税が少ない会社であれば、特別償却のほうがいい場合もあります**。たとえば利益が20万円の会社だと、先ほどの1000万円の機械を購入すると、特別償却を使うと300万円を利益から差し引くことができるため、280万円の赤字になります。その場合、赤字なので法人税はゼロです。

一方で税額控除を選択すると、20万円の利益ですから法人税は40%乗じて約8万円、税額控除は法人税額の20%が上限ですから8万円×20%＝1・6万円しか控除ができない計算になります。つまり納税すべき法人税額が8万円－1・6万円＝6・4万円となり、特別償却のほうが結果的に節税効果が生まれるという計算になります。

もちろん、赤字にしたくない場合は税額控除のほうがいいですが、税金を払うのが嫌ですという会社の場合は、特別償却のほうがメリットが大きいでしょう。

ANSWER
▼

基本的には税額控除がお得だが、法人税が少ない会社なら特別償却がお得。

グレー経費をのせる VS グレー経費をのせない

バブルがはじけたばかりの頃、ある会社がフェラーリを経費として計上して、税務調査が入りました。税務署は「フェラーリやポルシェなんて、誰が考えても仕事で使っていないだろう」と考え、この経費を否認しようとしましたが、会社は**「いや、実際にフェラーリで出張して接待ゴルフに行ってるんで社用です」**と反論し、国税不服審判所に審査請求を行ったのです。さて、みなさんはどちらが勝ったと思いますか？

普通に考えたら税務署と同じような考えになると思いますが、国税不服審判所は『減価償却資産は、事業の用に供していれば減価償却してもいい』とあるため、実際に出張で使われているのであれば、事業の用に供していると判断できる。これは損金として認めるべきだ」と裁決を出し、**最終的に会社側の意見を認めました。**

それまではフェラーリやポルシェはダメと税務署から言われていたのですが、その裁決以降、税務署は高級車を経費計上しても何も言わなくなったのです。

税務調査をやると如実にわかるのですが、**税務署は完全な黒と判断できるものしか指摘しません。**グレーが少しでも見えた場合は裁判をやると勝てないので、否認ができないのです。そのため、私は事業用として使われている費用は、基本的にはすべて経費として計上していいものと考えています。

ただ、だからと言って、**なんでも大丈夫というわけではありません。**

たとえば、ハワイ旅行に行ってそれを経費で落とそうとしても、簡単には落ちません。とくに一番ダメな例として挙げられるのは、明細に「子ども1」と書いてあるケースです。夫婦両方とも役員の場合は、視察旅行として子どもを連れていっても構わないのですが、その場合は子どもにかかっている費用は外しておくべきです。

帰省旅行なども同じです。よく税務調査の際に調査官が「社長と奥さんのご実家はどちらですか?」と世間話のように話しながら聞いてきます。これは世間話ではなく、**調査官が情報を収集しようとしているのです**。

実際にあった私のクライアントの話ですが、ご実家が仙台の方で、正月に仙台に行った新幹線代を経費として計上していました。「これはなんのために仙台へ行ったのですか」と調査官が聞いてきたので、「お客様とゴルフへ行きました」と答えたのですが、「この日あたりにゴルフの領収書が出てこないんですけど、実際はどうだったんですか?」と返しがきたのです。結局、その費用は否認されることとなりました。

調査官もそういった訓練をされているので、嘘はつかないほうがいいです。ですから、費用として計上するのであれば、しっかりと対策はとっておく必要があるのです。

こちらも私のクライアントの例で、夫婦で不動産事業をやっている方が沖縄に行ったときの話です。私は二人に**「これを経費で落とすのであれば、売買できそうな不動産をチェックして、写真を撮ってきてください」**と伝えました。

二人は実際に不動産を視察し、建物の写真を撮っておきました。そして、実際に税務調査が入ったときに「この沖縄の交通費はなんでしょうか」と聞かれたので、「沖縄でこういう建物があって購入を考えるための視察です」と答えたのです。

そのときは写真つきの報告書も提出していたので、それが決め手となり、「問題ないですね」と、調査はあっという間に終わりました。

結局のところ、**グレーだと思われる経費でも事業として使われている可能性が少しでもあるならば、それはしっかりと費用計上できます。**その代わり、**どのように事業に使っているのか説明する必要がある**ので、そこは対策が必要です。

ANSWER
▼

グレー経費は、一旦経費として計上しよう。

税金はクレジットカード払い VS 税金は銀行納付

最近では税務署をはじめとした公的機関も、いかにキャッシュレスに対応するかという流れで動いています。私も納税する際は、昨年からほぼクレジットカードで支払うようになりました。

クレジットカードで税金を支払う場合、手数料を取られますが、実はその手数料は支払額の1％にも満たない、非常に低い額です。ですから、クレジットカードのポイントを考えると、現金よりもクレジットカードで支払ったほうがお得なことが多いのです。

たとえば、私が使っているクレジットカードの場合、ポイントが1・5％つきますので、クレジットカードと手数料の差額が利益になります。

私のクライアントで納税額が大きい方がいらっしゃるのですが、その方には確定申告と自動車税、そして自宅の固定資産税は全部クレジットカードで支払いをしましょうと提案し、クレジットカードで支払ってもらっています。

現金で支払ってもポイントはつきませんから、その点、ポイントが付与されるクレジットカードでの支払いは、かなりお得だと言えるでしょう。

ここで注意点として必ず確認すべきなのは、**クレジットカードで支払う場合は、ポイントが手数料よりも高くなければならない**ということです。手数料のほうが高い場合は、クレジットカードで支払うメリットはありませんから、しっかりと確認するようにしてください。

ただ、たとえ0・5%でもプラスになるのであれば、クレジットカードで納税したほうがお得です。

クレジットカード払いは資金繰り対策にも？

もう一点、クレジットカードで納税できる利点として挙げられるのは、**資金繰り対策**です。

たとえば、消費税の中間納税をしなければならない場合、クレジットカードの締め日の翌日にクレジットカードで支払い手続きをすれば、大体40日後の支払いになりますから、**実質の支払い期限を延ばすことになります**。

一時的に資金繰りがタイトになっている場合であればクレジットカードでの納付はメリットが大きいのではないでしょうか。経営者であればポイントよりも、こちらのほうに利点を感じる方は多いかもしれませんね。

ただ、こちらも気をつけなければならない点があります。

それは、クレジットカードの引き落とし日に引き落としができない場合です。クレジットカードで支払いが遅延すると、信用情報にキズがつき、ブラックリスト扱いになってしまいます。

「お金が用意できないので、この支払いはナシにしてください」ということは、クレジットカードではできません。最初から支払いができないとわかっているのであれば、クレジットカードで支払い期限を延ばすのではなく、税務署に行って支払いができないと相談しましょう。

ANSWER

ポイントを考えれば、クレジットカードで納付したほうがお得なことが多い。

社宅を借り上げる VS 住宅手当を支給する

借り上げ社宅と住宅手当の支給、どちらも会社が用意する福利厚生として魅力的ではありますが、選べるのであればどちらがいいでしょうか。

結論からお話しすると、**借り上げ社宅のほうが、さまざまな面でメリットが大きい**と言えるでしょう。これは、**住宅手当の場合、支給金額がそのまま課税対象になってしまう**からです。

つまり、住宅手当が支給されることで給与が底上げされ、それに伴って所得税、住民税、社会保険料が上がってしまうということです。

一方、借り上げ社宅の場合はどうでしょうか。

借り上げ社宅の場合、「企業が社員から受け取っている家賃が賃貸料相当額の50％以上であれば、受け取っている家賃と賃貸料相当額との差額は給与として課税されない」という決まりがあります。

つまり、企業が家賃を払い、従業員から賃料の一定の割合の金額を徴収しておけば、その差額に所得税や住民税は課税されません（ちなみに賃貸料相当額というのは、家賃を指すのではなく、別に算出方法があります）。

そうなると、**住宅手当が支給されるよりも、借り上げ社宅のほうが課税される金額が少なくなる**ため、同じ金額であれば借り上げ社宅のほうがお得という結果になります。

借り上げ社宅と住宅手当で考えたときには、従業員にとっては借り上げ社宅のほうがありがたいですし、経営者としては社会保険料の負担を減らすことができるので、やはり借り上げ社宅のほうが得になると言えるでしょう。

ただし、注意点もあります。

そもそも税法は「**公平性**」が大原則です。

つまり、**特定の人だけがメリットを享受する場合には、その方に対する給与を支払ったものとする、**という考えです。

これを「現物給与」と言います。お金以外での支給がこれにあたります。

主に次の3つが該当しますので、頭の中に入れておいてください。

1. 社宅を無償で提供する
2. 社宅家賃を税法規定より低額で給料から天引きする
3. 特定の社員や役員だけに社宅を提供する

もし税務調査で指摘された場合には、源泉所得税が徴収されることになります。

また、現物給与は社会保険料の対象になりますので、ダブルパンチになります。

この所得税は本来、従業員が支払うものですから、会社としては徴収しないといけません。ただ、従業員に対して今さら「会社の経理が間違った処理をしたので、過去にさかのぼって給料から天引きさせてください」とは言えないでしょう。結局は会社負担になり、キャッシュアウトすることになります。

これは知っていれば防げることなので、ぜひ知識として覚えておきましょう。

ANSWER

税務面を考えると、借り上げ社宅のほうがお得。

納税 VS 課税の繰り延べ

経営をしていると、よく「社長、節税しませんか？」といった謳い文句で、あれやこれやと営業されることがあります。たとえば保険などは定番ですが、中には「飛行機をリースしませんか」なんていう話を持ってくる方もいらっしゃいます。

ただ、**これらの営業のほとんどが実は節税ではなく、課税の繰り延べを提案しているる**ということをご存じでしょうか。それらのスキームを利用すると一時的には税金が安くなるものの、**トータルで見たときには同じ額の税金を払う可能性がある**のです。

ちなみに先述した飛行機のリースも、一時的には減価償却などの費用が計上できますが、結局リースなので売却した際に雑収入が計上され、最終的には税金がかかってきます。

これを回避するためにはもう一度リース契約をする、それの繰り返しになるので、安易に契約しないほうがいいでしょう。

私が経営者に伝えていることは、利益がすべて税金として持っていかれるわけではないということ。法人だと3割~せいぜい4割くらいです。つまり税金を支払っても7割ほどはお金が残ります。

そこで私は、**無理して課税の繰り延べ商品を買ってキャッシュアウトするのであれば、税金を支払ったほうがお金は残りますよ**、と伝えています。

また、中には「松岡さん、税金を払うくらいなら飲みに行って経費として使ったほうがいいよね」と言う経営者もいます。しかし**これは節税というよりも、無駄使いして利益を圧縮しているだけです**。

経費を使って飲むのを全部ダメと言う気はありませんが、あくまでも浪費ですので、ほどほどにしましょう。

ANSWER

税金を支払ったほうがキャッシュは残る。

第4章

資金繰りが悪くなったときの選択

補助金を申請する VS 助成金を申請する

事業を進めていく中で、国や地方公共団体から事業のサポートとしてお金を受け取れる制度があります。それが「補助金」や「助成金」です。

どちらもうまく利用することで事業拡大につながるありがたい仕組みなのですが、**両者の違いがわかっていないと、せっかくのサポートも台無しになってしまいます。**

ここでは補助金と助成金についてしっかりと理解してもらえるよう、それぞれの特徴や違いも含めて説明いたします。

「補助金」は使わないともらえない？

「補助金」というのは、国や自治体の政策目標を達成させるために、事業者の取り組みをサポートすることを目的に、資金の一部を給付する制度です。

一見すると手厚い制度が多いのですが、どんな性質を持っているのか理解していないと、**せっかく時間をかけて採択されてもうまく利用できない**ので注意が必要です。

補助金の一例を紹介します。最近よく扱われている補助金として、「事業再構築補助金」があります。社会情勢の変化により売上が下がった企業が新規事業をする際に、支援してくれる補助金です。

たとえば、もともと店舗として運営していた飲食店がコロナ禍の不況の煽りを受け売上が大幅に減ってしまったため、事業転換をしてテイクアウト専門店にシフトチェンジをしたい。そういった場合に、この事業再構築補助金は、業態を変えるための店舗の内装や販促チラシなどの費用を3分の2、補助してくれます。

私も税理士として個別相談を受けて、この事業再構築補助金はいくつも採択通知が出ているのですが、**実はどの会社もまだ実行されていないというのが実情です。**

なぜかと言うと、**補助金は「後払い」だから。**

店舗型の飲食店からテイクアウトの専門店へと事業転換する際に、３００万円がかかるとします。そうなると3分の2、つまり２００万円は国から補助金として出してもらえるのですが、**先に費用の３００万円は支払わなければ支給されません。**

つまり、３００万円を経費として使い、領収書をもらって、そのあとに２００万円が支給されるという流れなのです。

そのため、**実際に補助金をもらうのであれば、申請する事業総額と同額の資金を前もって用意しなければならない**ということになります。想定している以上にハードルが高く、まずは資金を捻出するところから始めなければならないのです。

「採択通知が出ているのであれば、銀行から借入れすればいいのでは？」と考える方もいらっしゃいますが、採択通知だけでは銀行はお金を貸してくれません。なぜなら、実際に補助金の対象となるお金の使い方をしない経営者が出てくるからです。

補助金を受けようとする経営者の多くは、資金が足りないから補助金を受けようとしているのですが、現実問題としてその資金を用意するのが難しいのです。ですから、補助金を検討している方は、前もって申請する金額と同額の資金を用意できるかを検討した上で、申請を考えたほうがいいでしょう。

逆に言うと、資金的に実行不可能な計画であれば申請自体を最初からやめましょう。お金と時間の無駄になりますからね。

「補助金」は予算が限られていることが多い

もう一点、補助金を申請する際に気をつけなければならないのが、「採択率」です。補助金は誰でも受けられるものではありません。審査を受けて、その審査に合格した事業に対して補助されるという形になっています。

申請したからといって必ず受給できるものではないのです。

また、補助金の特徴として挙げられるのが国や自治体の「予算」です。予算があらかじめ決まっているため、予算が余っている場合には採択率が非常に高くなる傾向にあり、逆に予算が不足してくると一気に審査が厳しくなり採択率が下がる傾向にあります。

ですから、もし補助金の申請を検討している場合は、国や地方自治体から割り当てられた予算が潤沢なタイミングで申請すると通りやすいので、申請の際に確認しておくといいでしょう。

「助成金」は要件が揃うともらえる

一方で、**助成金は補助金とは異なり、指定されている要件が揃うと必ずもらえます。**

たとえば、ここ最近で一番利用されていた助成金として挙げられるのが「雇用調整助成金」です。コロナ禍で事業縮小しても雇用の維持を継続している事業者に対して、約6割の賃金を国が助成してくれるという制度です。

こちらは基本的には、要件を満たしていれば必ず支給されます。予算がないタイミングで申請したので、審査が厳しくて助成金がもらえませんでした……ということがないのです。

ですから、資金的に余裕があまりない場合で、補助金と助成金のどちらを受けたほうがいいかと考えると、**助成金の獲得に力を入れたほうがいいと言えるでしょう。**

なお、どちらも申請には専門的な知識が求められることが多いため、申請書類の作成などは豊富な経験がある人の協力を受けたほうがスムーズに申請できます。

ただ、中には、悪質なコンサルタントもいますので、依頼する際にはしっかりと実績を確認してから依頼するようにしましょう。

ANSWER

補助金はハードル高め。助成金のほうが支給されやすい。

銀行に条件変更してもらう VS ノンバンクを利用する

銀行への返済が厳しくなった顧問先が銀行へ返済の条件変更をお願いする際、私は必ず経営改善計画書を作り、銀行に提出するようにしています。ただ最近は、融資の返済ができなくなっている企業が多いこともあり、銀行側も計画書の提出は求めず、決算書だけで返済を止めてくれるそうです。

条件変更は「現状のままだと返済が難しいです」ということが銀行に伝わればいい

ので、経営改善の計画書がなくとも「わかりました。とりあえず様子を見ましょう」と、大抵の場合は半年間は様子を見てくれます。

そして半年経ち、経営状況が改善されていれば「ではまた約定通りに返済をお願いします」となりますが、半年経っても経営状況が改善されない場合は「もう半年だけ様子を見ましょう」と銀行から提案を受ける流れになります。

一方で、条件変更はせずにノンバンクから借入れを行い、その資金を銀行への返済の原資に充てる経営者もいらっしゃいます。この良し悪しは、私はケースバイケースだと考えます。

一時的ならノンバンクの利用はあり

銀行への返済額がそれほど大きくない場合は、一旦ノンバンクで借りて返済資金を立て替えるという方法も検討の余地があります。

一時的にノンバンクから借り入れて、売上が入金されたらノンバンクの借入れを一気に返済する。これができるなら、銀行に条件変更をお願いする必要はありません。貸借対照表上の残高もまったく変わりはないですし、利息もあまりつかないので大きな問題にならないのです。

むしろ条件変更をすると、銀行から追加の借入れができなくなるため、それならばノンバンクで一時的に借入れを行い、少し時間を稼いでいる間に銀行に追加融資の申し込みをすれば資金繰りが改善されますから、そちらのほうがおすすめです。

仮にそこで追加融資が出ないのであれば、銀行に条件変更の相談をして、返済を止めてもらうという方法もとれます。

一方で、**絶対にやってはいけないのは、銀行の返済資金の原資としてノンバンクから借り続けるというやり方**です。これだけは絶対にやめてください。

たとえば100万円の銀行への返済をノンバンクで100万円借りて返済しても、貸借対照表上の借入額は変わりません。しかしノンバンクと銀行の融資では金利が天と地ほど違うため、損益計算書上、支払利息が銀行の何倍も計上され、収益力がどんどん悪化していきます。

一般的な銀行の融資であれば金利は1〜2%程度ですが、ノンバンクの場合は金利が最高で18%まで上がってしまいます。銀行への返済のためにノンバンクから借入れを続けてしまうと、支払利息の負担がとんでもなく大きくなってしまうのです。気づいたときには、銀行の融資よりもはるかに大きな借入金ができてしまうでしょう。

はっきり言いますが、**ノンバンクを原資に銀行への返済を続けるくらいなら、早い段階で銀行に条件変更をお願いして、返済を止めてしまったほうがいいです。**

ノンバンクはあくまで応急措置です。一時的に利用するに留めておくようにしてください。

返済の条件変更を認めてくれないケースもある

なお、銀行も通常であれば返済の条件変更を受け入れてくれますが、**金利が払えないくらいに資金繰りが悪化してしまうと、態度が硬化します**ので、気をつけるようにしてください。場合によっては条件変更ではなく、代位弁済（債務者が借金を返済できなくなったときに、保証会社等の第三者が代わりに返済すること）を求めてくる可能性もあるため、注意が必要です。

私のクライアントの中にも一気に資金繰りが悪くなり、代位弁済になってしまったケースが一度だけあります。代位弁済になると遅延損害金がついてしまい、想定以上の金額を返済しなければならなくなります。そのときのクライアントも残高証明をとったときに「こんなに借入れ、あったっけ？」と、その利息に驚いていたほどです。

ですから、条件変更を依頼する際には、**最低でも金利が払えるくらいの支払い能力を持った上で交渉に臨むようにしてください**。

ただ、経営者の中には銀行に条件変更を受け入れてもらうと安心してしまい、それに甘んじて経営の立て直しを疎かにしてしまう方もいらっしゃいます。

しかし、それでは条件変更をした意味がありません。

銀行の条件変更というのは腰痛になった際のブロック注射のようなものです。痛みは一時的に緩和するものの、根本的な治療をしなければまったく治らない、あくまで応急処置としての対応です。

ですから、**条件変更をする場合には、銀行が返済を待っている間に事業をテコ入れして収益力を上げなければなりません。**

条件変更で返済が止まっている期間は資金繰りが楽になりますから、返済に充てるはずの資金を販促費などに回して、売上を上げていきましょう。

ANSWER

まずはノンバンクを利用し銀行へ追加融資の申し込みを。

複数の銀行に返済していく VS 借換保証制度を使う

以前は融資が3つあると3つすべてにそれぞれ信用保証協会がついていて、それらを一つの融資にまとめる「借換融資」ができませんでした。しかし、最近では借換保証制度ができたということもあり、複数の銀行の融資を一つの銀行にまとめることができるようになりました。

もちろん制度が異なる融資はまとめることができませんが、それ以外であれば基本的には複数の融資を一つの銀行で借り換えてまとめることができるようになっています。「借換えって一体何がいいの?」と、疑問があるかもしれませんね。簡単に説明すると、**融資を一つにまとめることで、複数の融資を受けているときより毎月の返済額を減らすことができる**のです。

たとえば、ある会社の借入れの残高がA銀行に1000万円、B銀行に700万円、C銀行に600万円、総額で2300万円あったとします。そして毎月A銀行に10万円、B銀行に7万円、C銀行に6万円、トータルで23万円を返済していたとします。

その会社は毎月の返済額が少し厳しいと考え、A銀行に借換融資の申し込みをしました。そしてなんとかA銀行から返済期間15年の金利1%で2300万円借換えを行うことができました。

借換えということですから、借入れの総額は相変わらず2300万円でまったく変わりません。しかし、返済を一本化したことで、毎月返済する金額が14万円程度となり、返済金額を大幅に抑えられることになるのです。

このように複数の融資を1本にまとめることで、月々の返済金額を抑えることができるため、資金繰りが厳しい状況であれば借換えは非常にメリットが大きい施策と言えます。ただ、**返済期間が延びることで支払う金利は増えるなどのデメリットも存在する**ことは覚えておいてくださいね。

では、実際に借換えは簡単にできるものなのでしょうか？

先にも述べましたが、以前に比べると借換えはそれほど難しくはなくなってきています。ただ一点、ハードルが高い点を挙げるならば、たとえば信用金庫と都市銀行の借入れがあり、都市銀行のほうで借り換えてまとめるとなった場合、信用金庫に行って「すみません、向こうで借換えします」とお願いして、借換えの許可をもらわなければなりません。

この場合、信用金庫からすると売上をすべて都市銀行に取られてしまうので、信用金庫が素直に借換えを認めるのか……という話になってきます。おそらく、担当者は社長の元に飛んできて、借換えしないように説得してくると思います。

かつての信用保証協会はこのような民間同士の揉めごとを避けたいという傾向があり、借換えはすすめていませんでした。

普通に考えれば、都市銀行と信用金庫で比較するとどうしても金利は都市銀行のほうが安く提案できてしまいます。しかしそうなるとすべての融資を都市銀行が持っていってしまうわけで、規模の小さい金融機関が苦しい状況に追い込まれるのが目に見えているため、信用保証協会は競争をさせなかったのです。

しかし、最近では借換保証を認めるという状況になっているため、借入れを一つにまとめるのであれば、借換えをされる金融機関に一筆もらってください、という流れになりました。

ただ、中小企業の場合は融資と言っても1000万円くらいのレベルの話が多いので、金利だけを考えれば都市銀行のほうがよくとも、付き合いまで含めて考えると信用金庫で借り換えるほうがいいと思います。

ANSWER
▼

複数の融資を受けている場合には、借換えを検討しよう。

借入金を一括で繰上返済する VS 借入金を残しておく

私が独立したばかりのときの顧問先の話です。顧問税理士になって一カ月ほど経った頃、社長が突然私の事務所に来て、「松岡さん、弁護士さんを紹介してもらえませんか？」と言ってきたのです。「何かあったんですか？」と事情を聞くと、社長が「実は……、お金がなくなっちゃったんです」、そう言ってきたのです。

それを聞いて私は驚きました。なぜなら、その会社は定期預金もあり、現金預金に関してはかなり余裕があったからです。売上規模から考えても、資金繰りがそれほどまでに悪くなるとは考えられません。

改めて何があったのか聞くと、社長は言いづらそうな顔をして話し始めました。


その会社の財務は、社長の知り合いの方が管理していたそうです。「経理がわからない？　そんなの俺が全部やってやるよ」と言って、会社のお金を自由に動かしていたそうです。そして、あろうことかその人は勝手に会社の定期預金を解約し、金利がもったいないという理由で、解約した定期預金のすべてを、銀行からの借入金の返済に充ててしまったそうなのです。

これを聞いて私は「なんということをしてしまったんだ……」と思いました。

一見すると借金を繰上返済しているわけですから、いいことのように感じますよね。しかし、**会社を経営する上で借入金の一括繰上返済は、禁じ手に近い愚行です**。何がマズイのかと言うと、**銀行の売上がなくなってしまうということが問題なのです**。

銀行は会社に融資をする際に返済期間を設けています。**銀行は約定通りに融資を返**

済してもらうことで、利益を出すことができるビジネスモデルになっているのです。

ですから、繰上返済をするということは、銀行の売上をすべて消してしまうということ。銀行にしてみると、取引先からの売上がいきなり消えるわけですから、「この会社はいきなり何をしてくれるんだ」となるのです。

先の会社では、帳簿上は定期預金を解約して借入れを返済したことで、一気に負債が減りました。しかし、同じ金額の預金もなくなっているので、まったく意味がありません。この行為は、貸借対照表が小さくなっただけです。

社長が言うには、気づいたときにはこんなことになっていたとのこと。この間まで2000万円あった現金預金が一気に1000万円まで減ってしまったので、悪夢を見ているような気分だったことでしょう。

ここまでの話は滅多にありませんが、資金に余裕のある会社が「お金があるから銀行に全部返そうと考えているんだけど……」と相談してくることはよくあります。その場合、私は基本的には反対します。

今の時代、金利なんて微々たるものですから、借入金であっても気にせずに持っていればいいのです。そしてそれを約定通り少しずつ返していけばいいのに、どうして預金を減らしてまで一気に返そうとするのか理解に苦しみます。

資金繰りという面から考えると、**借入金の一括返済はデメリットこそあれ、メリットがほとんどないのです**。もし仮に、銀行に一括返済をして、その後業績が悪くなって銀行に改めて「融資をお願いします」と言っても、下手をすると貸してもらえないかもしれません。業績が悪くなってから借りに行くというのもそうですが、一括返済をしたという実績があまりにも印象がよくないからです。

ちなみに、個人の住宅ローンなどであれば話は別です。あくまでこれは、**ビジネスとしての銀行との付き合いの話**です。

ANSWER
▼

借入金の一括返済は絶対にNG!

税金を支払う VS 家賃を支払う

資金繰りが厳しくなって税金どころか事務所の家賃も払えない。そんな状況に陥ったときに、税金と家賃どちらの支払いを優先すべきでしょうか。

「追い出されてしまってはたまったもんじゃないから、とりあえずお金をかき集めて家賃を払わないと……」、そう考える方もいらっしゃるかもしれません。

しかし、その考えは間違いです。そんな判断をしたら、余計に経営状況が厳しくなってしまいますよ。

まず大前提として知っておくべきなのは、**税金を滞納すると融資は確実に断られる**ということです。

そのため、資金繰りが厳しくなっているものの銀行から少しでも借りられる可能性がある場合には、**税金の支払いはどの支払いよりも優先するようにしてください**。

「そうは言っても、家賃を払わなかったら事務所を追い出されてしまう……」と思うかもしれませんね。

しかし、事務所の契約を思い出してみてください。事務所を借りる際に、敷金を払いませんでしたか？　事業用として借りる事務所の場合、大抵は6カ月分の敷金を支払っているかと思います。この敷金は通常は担保として預かっているものですが、**場合によっては家賃と相殺してくれるケースもあります**。

ですから、もし家賃が払えない場合にはまずは大家さんに「敷金と相殺してもらえませんか？」と相談してみましょう。大家さんも「新しい賃貸人を探すくらいならば……」と、相殺に応じてくれるケースは多いです。

もともと敷金とは、家賃の滞納や、賃貸物件から引っ越していく際に現状回復しないまま出ていく借主がいるため、あらかじめ預かっておく性質のものです。よって、私の経験では2～3カ月分であれば、家賃と相殺をお願いしてもたたき出されたケースはありません。

その代わり大家さんからは「相殺した差額は改めて積み直してくださいね」という話がほとんどでした。ですから、そのくらいに考えておくとよいです。

私が顧問先から資金繰りがかなり厳しいと伝えられたときは、家賃に関しては敷金と相殺して、そこから出たお金で税金を払うように提案しています。

家賃を滞納しても融資の対策は基本的には可能ですが、**税金を滞納すると完全に銀行からの借入れの手段が止められてしまう**ので、このような応急措置をとるようにしているのです。

もちろん大家さんが必ず敷金から相殺してくれるわけではありませんので、しっかりといつまでに支払うという約束をした上で交渉に臨む必要があります。

ですが、**税金を滞納してしまったら今後の事業に確実に大きな影響を及ぼしてしまう**ため、家賃よりもまずは税金の支払いを優先すべきだと言えるでしょう。

ANSWER

家賃よりも税金の支払いを優先しよう。

税金を分納する vs 税金を滞納する

税金が払えなくなったとき、税務署に相談して分納するという選択肢があります。結局のところ、分納も滞納も納税証明を取りに行けば「未納」と記載されるので、会社の状況はあまり変わりません。分納していても滞納している税金があるので、結局のところ「未納」というステータスは変わらないのです。

しかし、分納と滞納とでは大きく違う点が一つあります。

それは、**税務署と話し合いをしているかどうか**です。

納税の手続きの中に、**換価の猶予の申請**というものがあります。

これは税金を納付してしまうと事業が立ち行かなくなったり、自身の生活に困難をきたしたりする恐れがある場合に、申請できるものです。

この申請をすることでまったく納税をしなくていいということにはなりませんが、「月10万円を1年間払います」といった計画書を一緒に提出し、**その計画書の通りに分納していれば税務署が差し押さえの手続きをしてこない**という点がポイントです。

また、これは業績が回復した場合の話ですが、税務署から分納の許可が出ていると、銀行がプロパー融資の対応をしてくれることもあります。これは融資したお金が税務署に差し押さえられないという前提があるため、銀行も融資ができるわけです。

支払いができなくなったら、必ず税務署に相談を

換価の猶予申請書を出して税務署が受け取ったとしても、約束通りに払わなかった

り、何も言わずに支払いが遅れてしまったりすると、換価の猶予は取り消されてしまいます。つまり、いつでも差し押さえされる恐れがあるということです。

ですから、もし計画書の通りに支払えなくなった場合には、**すぐに税務署に連絡し「今月は支払えないので5万円だけ支払います」と事情を説明して、一部でも支払いをするようにしてください。**

そうすれば税務署も払う意思があるとみなしてくれるため、必ずではないですが、大目に見てくれることが多いです。ここで大事なのは「誠意をもって対応する」ということです。

そんなことで本当に大目に見てくれるのか？　と思われるかもしれませんが、過去の経験上、**きちんと支払う意思があれば、税務署はすぐに差し押さえという手続きはしてきません。**

一番ダメなのは、税務署からの連絡や通知を「無視」することです。税務署の担当者も人間ですから感情的になり、法的に粛々と処理してしまいます。

私の大学のときのクラスメイトで、何人か税務署の職員がいるのですが、みんな口を揃えて「恨みだけは買いたくないから、手荒い真似はしたくない」と言っていました。これが彼らの本音でしょう。

もちろん、税務署も仕事ですから、厳しく対応しなければならないときもありますが、正直に事情を説明するとある程度は大目に見てくれます。そこに甘んじてしまうのはよくないですが、本当に資金繰りが厳しい状態のときは相談するのが最善でしょう。

税金を滞納して税務署から強硬な措置をとられるくらいならば、正直に事情を話して、対応策を検討してみてください。

ANSWER

税金が払えなくなったら、まずは税務署に相談を。

税金を支払う VS 借入金を返済する

昔のクライアントの話です。年商が5億円で、借入金はゼロの無借金経営の会社です。一見すると財務状態は非常に良好なのですが、一点非常に大きな問題のある会社でした。なんと、税金の滞納が2000万円もあったのです。

その会社はもともとは銀行から借入れをしていたそうです。しかし、資金繰りが悪くなってきたこともあり、銀行への返済を優先していたら、税金がまったく払えなくなってしまったということでした。

社長の言い分としては「銀行はとにかく約定通り返済さえしていれば、必ずまたお金を貸してくれる」の一点張りで、私がどれだけ「それは絶対に無理ですよ」と言っても、一切話を聞いてもらえませんでした。

結局、差し押さえになるギリギリの段階で融資の申し込みの相談をしに銀行に行ったら、門前払いをくらってしまい、とてもショックを受けた様子で私に資金繰りの相談をしにきたのでした。

通常、会社が融資を受けるとなった場合には、日本政策金融公庫か銀行から融資を受けます。そして銀行からの融資は信用保証協会を通して借りるのが一般的です。

日本政策金融公庫も信用保証協会も公的な機関であり、その運営には税金が投入されています。**国のルールに従わない人にお金を貸すことはありませんから、税金を滞納している会社が融資を受けられる可能性はほとんどあり得ないのです。**

唯一貸してくれるケースとして挙げるのであれば、銀行が不動産を担保として、信用保証協会を通さずプロパーとして貸し出すケースです。つまり抵当権をつけて貸すということです。

これは万が一の可能性として考えられますが、日本政策金融公庫や信用保証協会を通す場合には、絶対に融資は通りません。

ですから、くどいようですが、**お金を借りたければ、まずは税金の滞納をなくすことです**。借入れの返済があるならば、まずは銀行に条件変更を依頼して元本を止め、その返済分を原資として税金の支払いに充てていくことが先決です。

ちなみに2000万円の滞納があったその会社ですが、顧問税理士として契約をさせていただき、「全治5年かかります」と言って、滞納分の支払いをするためテコ入れをしました。そして4年目くらいでようやく未納分を500万円くらいに減らすまでに至りました。

その会社は毎月大手企業との取引があり、大体700万円くらいの売掛が立っていました。そして社長から「可能であれば早い段階で銀行との取引を再開したい」と話がありました。

そこで私が銀行に「滞納税金が500万円になったのでファクタリング※をかけて売掛金を回収して一気に滞納分を納税し、納税証明書で『滞納なし』という証明書を持ってくれれば、信用保証協会の土俵に上げられそうですか？」と聞くと、「事前審査をかけてみますので少々お待ちください」という返答が。その後、「絶対とは言えませんが、土俵に上がれます」と連絡がきたのです。

※ファクタリング…売掛債権の譲渡により資金を調達する方法。

銀行の返済が滞るよりも、圧倒的に税金の滞納のほうが融資の審査は厳しいです。税金の滞納だけは、くれぐれも避けましょう。

ANSWER

銀行への返済よりも、まずは税金の支払いを優先しよう！

ビジネスローンを使う VS 税金の延滞金を支払う

資金繰りが厳しくなったときに、「ビジネスローンに手を出すくらいなら、税金を滞納したほうがマシだ」と考える経営者がいらっしゃいます。

「あんな高金利の借入れに手を出し始めたらもうおしまいだよ、それなら税金を滞納したほうがいいよ」、そう考えているのでしょう。

たしかにビジネスローンは法人向けのキャッシングのようなものです。銀行の借入れに比べると金利はかなり高いのも事実です。しっかりと返すことができれば問題ないですが、ビジネスローン頼りの資金繰りになってしまうと、雪だるま式に金利が増えてしまう可能性もあります。

それならば延滞金はかかるけれども税金を払えるまで待ってもらったほうが、借入れも増えないしいいだろう、そう考えるのも理解はできます。

しかし、**ビジネスローンは高金利かもしれませんが、その金利は費用として計上できます**。一方、税金滞納の場合は延滞分の利息を支払ったとしてもそれを費用として計上することはできません。

また、先述しましたが、延滞金が出るということは税金が未払いの状態であるということですから、**銀行から融資を引き出すのが不可能になってしまいます**。事業をする上で銀行という手段が完全に封じられてしまうのは、かなり苦しい状況です。

ビジネスローンか延滞金、どちらかを選ばなければならない究極の選択があるならば、**私はビジネスローンで借りて、納税をした上で銀行で借りられる状態を作る**という選択肢をとります。

よくビジネスローンが融資の審査にひっかかるという話もありますが、それはケースバイケースです。**事業として成立していてしっかりと収益があるならば、ビジネスローンで借入れをしていても、銀行から融資を引き出すことは可能です。**

社長が個人で借りたときはどうなる？

法人でビジネスローンを利用する場合は問題ないのですが、資金繰りの悪い会社では、社長が個人でもノンバンクを利用しているケースは多いです。この場合の支払利息は経費になるのか？　についてお話しします。

先日、税務調査があり、こんなやり取りをしました。

税務署「プライベートで利用している場合があるので、経費と認められません」

私　「資金繰りが悪くなればオーナー会社の場合、個人も法人もないんですよ。個人で借りたお金で外注費や社員の給料を支払っているので、会社の経費です」

税務署「どの支払いをしたか、紐づけができません」

私「税務署の徴収係は、税金を滞納すると『どこからでも借りて支払ってください』と平気で言うじゃないですか」

税務署「……」

重要なのは**紐づけ**です。個人で借りても、**一旦法人口座に入金してから外注費や給与の支払いをしましょう**。そうすれば、税務調査で否認されることはないと思います。

ただ、借入金に対する支払利息の割合が高くなると、個人でもノンバンクを利用しているのかな、と思われてしまいます。この手法をとるのは、銀行を今は利用できないが利益が出て法人税を支払うのがもったいない、と思う場合だけにしましょう。

ANSWER

一時的であればビジネスローンの利用も検討の余地あり。

資産を売却する VS 借入れをする

資金繰りが厳しくなってきたときに何をすべきか。

もちろん借入れは資金繰りの対策として非常に有効な手段ですが、実は他にもやれることはあるのです。

それは何かと言うと、**アセットファイナンス**、つまり**資産売却**という方法です。

以前、顧問先の社長が資金繰りが厳しいということで、クレジットカードで支払った経費をすべてリボ払いに変更していました。

ご存じの通り、リボ払いは一時的に支払いは楽になりますが、非常に金利が高い支払い方法です。ですから、経営改善の根本的な解決にならないケースがほとんど。私の経験上、カードの支払いをリボ払いに変更し始めたら、倒産に足を突っ込んでいる状態だと言えます。

そしてリボ払いに限界が来たのか、その社長は私に「ノンバンクで貸してくれるところを知りませんか」と相談に来ました。

通常であれば、私も社長と「どこか借りられるところがないものか……」と資金繰りについて一緒に時間をかけて考えるのですが、そのときは検討する余地もありませんでした。

なぜかと言うと、その社長が乗っていた車というのが、最新のメルセデス・ベンツEクラスだったのです。それなのにすごく困ったような顔をして、「どこかお金を貸してくれるところはないですか？」と聞いてくるわけですから、私も思わず笑ってしまいました。

私が「資金繰りの手段ならありますよ」と言うと、「教えてください！」とかなり乗り気でしたので、**「そこの中古車店に行って、今すぐそのベンツを売ってきてください」**と言ったのです。すると社長は驚いたような表情で「そんなことしたら借金しか残りませんよ！」と言うのです。

ただ私としてはこれほど資金繰りが悪いのにもかかわらず、最新の外車を購入するほうが経営として問題だと思ったので、**「新車ですし、今なら４００万円くらいは手元に入ってくるので、そこから事業を立て直して返済していきましょう」**と提案しました。

しかし、社長は「こいつは何を言っているんだろう」というような表情で、結局そのときは車を処分することはありませんでした。

その後もその社長とは資金繰りの件で何度もお話しさせていただき、車を売却するよう訴え続けました。その会社はスタジオを経営していたので、何度も「タクシー会社や運送会社に商売道具の車を売れという話じゃないんです。スタジオを経営するのにベンツはいらないでしょう、しっかり考えてください」と説得しました。

「本当にしつこいな」と思われているんだろうなとは感じましたが、これが最適な資金繰りの提案になりますから、こちらとしても譲れませんでした。

その後「車を処分しました」と私に報告に来たときに、その社長が乗っていたのがメルセデス・ベンツCクラスだったので「もうダメだ」と私は苦笑いでしたけどね。

最終的にその会社は半年後に民事再生となり、倒産してしまいました。その後どうなったのか、私は知りません。

資産は価値が減る前に現金化を

このような経営者は一定数いらっしゃいます。基本的に、私は経営者の考え方やマインドは変わらないと思っています。だからこれは、資金繰りの問題ではなかったのかもしれません。

このケースでは最初に車の売却を提案した段階で売っていれば、まだ再起できる可能性があったと今でも思っています。しかしあの段階で、ベンツだけは維持したいという社長のマインドが、結果的に借金を増やす結果につながってしまいました。

負債が増えたとしても、資産が残るならまだいいのです。まさに借入れがそうなのですが、借入れとして負債が増えても預金が残るわけですから、まったく問題はないのです。

しかし、ベンツは固定資産ですから、持っていても価値はどんどん下がっていきます。結果的に過剰債務になり、増えた負担分も事業の収益力で返済しなければならない状況に陥ってしまった。しかもそもそも事業の収益力が落ちてきていて資金繰りが悪くなっていたので、そうなると資産を売却する選択肢しかなかったのです。だけど、そこを無理矢理維持してしまった。結果的に借入れの返済と利息で動きがとれなくなり、最終的には倒産。そのような結末です。本当に悪循環だと言えます。

このケースの教訓として言えるのは、**利息の高い借入れをして資産を残すくらいならば、まずは資産を売却して資金を作ることが先決**だということでしょう。

そして売却した資金で事業を立て直し、それでも難しい場合には事業資金を借り入れる。**事業資金になる資産があるならば、金利の高い借入れより、資産売却のほうを優先しましょう。**

ANSWER

借入れをするよりも、まずは資産の売却を検討しよう。

長期借入金 VS 短期借入金

融資には「運転資金のための融資」と「設備投資のための融資」があり、何を目的として融資を受けるのかにより、融資の形態が異なる場合があります。

運転資金と設備資金では、返済期間が大きく異なってきます。運転資金の借入れは大体7年の返済期間が多いですが、設備資金の融資の場合、10年以上の返済期間が一般的です。そのため、もし設備資金が必要な場合は、運転資金としての借入れではなく設備投資として融資を受けたほうが、圧倒的にメリットが大きいです。

というのも、長期での借入れができれば、**大きな金額を少しずつ返済することになるため、資金繰りが厳しくなりづらく、経営面で安定しやすい**からです。

ただ、運転資金で融資を受ける場合はその資金の用途は自由ですが、設備投資での融資を受ける場合は、事前に何を購入するのか資料を提出し、実際の資金用途もその設備の購入に限られることになります。

ですから、使い勝手としては運転資金のほうがいいでしょう。

ただ、設備投資は高額になるケースが多いため、本当に設備投資をするという目的なのであれば、基本的には設備資金として長期で借入れを行い、その設備から生まれる利益で少しずつ返済していくほうが、資金繰りのメリットとしては大きいです。

日本政策金融公庫が新たに始めた「資本性ローン」とは？

これは余談ですが、長期借入れとして数年前に日本政策金融公庫が挑戦支援資本強化特別貸付、いわゆる「資本性ローン」という融資制度を始めました。

簡単に説明すると、**金融機関の融資の審査において負債ではなく資本とみなすことができる借入金**のことです。つまり、この資本性ローンで借入れをすると、会計上では長期借入金として扱われますが、**金融機関の審査においては資本としてみなされるため、会社の財務の健全性を表す自己資本比率が低くならず、融資の審査が通りやすくなる**のです。

また、この資本性ローンは月々の返済がなく満期の一括返済のみで、満期になるまでは金利だけを支払えばいいという、資金繰りという側面から見ると非常に魅力的な融資制度です。

まだ日本政策金融公庫の中でも始まったばかりの制度なので、利用する会社も少なく、また要件も厳しいということもあり、簡単に使える融資ではないのですが、私のクライアントの中には実際に利用されている方がいらっしゃいます。

私も資料などを作成しましたが、公庫も手探りでやっているような印象でした。満期に一括返済ということだったので、私が「満期が来たときに一括返済できなかったらどうなるのでしょうか」と聞くと、「まだ始まったばかりの制度でして、返済期間が来ている会社がないので、どうなるかはわからないです」と正直に言われてしまいました。

融資というよりも社債のような性質を持っている資本性ローンですが、もし要件が当てはまっているのであれば、長期借入れになり資金繰りもかなり安定するので、検討する余地はあると思います。

ANSWER

借入れは返済期間が長いほうが経営面のリスクが少ない。

取引先に頭を下げる VS 銀行に頭を下げる

事業が立ち行かなくなり、会社をたたむしかないとなっても、**すべてがゼロになるわけではありません。**

一生懸命頑張ったものの、最終的に会社をたたむという選択をすることになったクライアントに対して、私は必ず「これからどうするつもりですか？」と聞くようにしています。

大抵の場合は「サラリーマンに戻ります」とか「実家に戻って、家業の手伝いをします」と、次の食い扶持が見つかっているケースが多いのですが、たまに「どうするか何も決まっていない、どうしよう……」という方もいらっしゃいます。

その場合は、**「これからもお付き合いがある人にとりあえず頭を下げに行きましょう」**と伝えています。

私のクライアントで、美容室のオーナーをしている方の話です。

この方は以前も美容室を経営していたのですが、事業が立ち行かなくなり自己破産をしました。そこはフランチャイズの美容室で、そのオーナーは自己破産が決まる前に真っ先にフランチャイザーに事情を説明し、頭を下げに行ったそうです。

すると、「残った事務所の保証金はうちがもう一度出すから、商売は続けていいよ」と、フランチャイザーのほうから事業継続の提案をしてもらえることになったそう。

自己破産をすることにはなりましたが、頭を下げに行ったことで、オーナーはこれからの食い扶持を見つけることができたのです。

現在は以前の店の名前に「新」とつけて「新○○店」として美容室を続けています。事業が立ち行かなくなった当初、オーナーは「どうやって食っていこうか」と話していたのですが、ひとまず生活に困るような状態にならずに済んで、私も安心しました。

自己破産や民事再生をすると、どのような結果になったとしても、必ず誰かに迷惑をかけることになります。これはもう、仕方のないことです。

ですから私は、**「社長、ここは本当に割り切って、今後お世話になる人とそれ以外の人で分けて考えてください！」**と言うようにしています。

自己破産をしても人生は続いていくわけですから、これからもお世話になる可能性のある人には、筋を通してしっかりと頭を下げないと、本当に関係が切れて二度とかかわることができなくなってしまうからです。

事業再生の手法の中には第二会社方式と言って、会社分割や事業譲渡によって別会社を作るというやり方も存在します。ただ、この手法をとったとしても、同じ業界であれば大抵の場合、「裏にはまだあの社長がいるだろうな」と、みんな思うわけです。ですから、迷惑をかけた人すべてに頭を下げることができなくても、今後も取引していく人に対してはしっかりと頭を下げ、「このたびは本当にご迷惑をおかけしました、これからはこのような形で返していきます」と裏でやっておかなければ、その業界で仕事ができなくなるでしょう。

では、銀行に頭を下げなくてもいいのかというところですが……銀行には信用保証協会がついていますから、最終的には信用保証協会が穴埋めをすることになります。

そのため、**借金を返せなかったとしても、実は銀行としてはまったく痛くないというのが現実です。**

ただ、融資をしている以上、あなたの会社には銀行の担当者がついているわけで、その方は多少の責任をとらされます。

「つぶれる会社に融資しやがって」と担当者が上司に言われる可能性も否めませんので、そういう意味では担当者に「申し訳ない」と頭は下げるに越したことはありません。

ただ、基本的には返済できなくなったとしても銀行自体は困らないので、取引先と同列で考えなくてもいいでしょう。

ANSWER

銀行よりもまず、今後もお世話になる人に早めに頭を下げに行こう。

第5章

つぶさない社長の選択

車は割賦購入 vs 車はリース

10年ほど前に、クライアントの紹介で知り合った運送会社の話です。

その会社に行った際に、車庫にたくさんのトラックが駐車されていたのです。「運送業なのに平日にこんなにトラックがあるなんてどうしたんだろう?」と不思議に思って社長に話を聞くと、「ドライバーがいないので駐車しているんだよね」とのこと。

「こんなにトラックがあったら維持費が大変でしょう。売却しないのですか?」と聞くと、実はこれらのトラック、**全部リースで契約が残っているから処分できない**のだと、社長は項垂れながら話していました。

景気のいいときに契約したそうですが、大口の契約が切れてしまい、ドライバーなどの人員整理をした結果、最終的に残ったのがリース契約で処分できないトラックだけになってしまったというわけです。

「割賦だったら処分ができたのに……」と社長は後悔しながら話していましたが、結局リースだからどうにもなりません。結果的にその運送会社は倒産してしまいました。

こういった会社を見てきたこともあり、私は自分の顧問先の社長が車を購入する際には、必ず「割賦で買うようにしてください」とアドバイスしています。

もちろん、「リースにしようと考えていたのに」と不満を言ってくる社長もいます。そこで「なんでリースがいいんですか？」と聞いてみると、「リースだと所有者が自分ではないので税金も払わなくていいし、車検もない、全部相手がやってくれるから楽なんだ」と返ってくることが多いです。

たしかにその気持ちはわかりますが、先の運送会社のように、**リースは契約で縛られていることもあり、経営の安全性という点から考えると非常にリスクが高い**のです。**何か会社に大きな変化があったとき、その変化に対応できるのは、リースではなく割賦購入です。**

一つ、事例をご紹介しましょう。資金繰りが悪くなったとある社長は、乗っていた高級車を背に腹は代えられずに処分して、会社に売却代金が振り込まれました。

それからの2年間、割賦未払金を約定通りに支払っていましたが、その割賦未払金を払い終える頃に会社の業績もV字回復することができました。その後、この社長はまた新たに高級車を割賦購入したのです。

ここでのポイントは2つ。一つは、**割賦購入の場合には、売却することにより会社に真水の資金が入る**、ということです。つまり、お金がある=企業再生する時間になります。

そしてもう一つは、**「車両を売る」**ということです。これが意外にできません。「資産を売却する vs 借入れをする」（208ページ）でご紹介したスタジオ経営者もそうでしたね。

ほとんどの経営者は車両を残して、金利の高いところでお金を借りて、割賦未払金の支払いや運転資金に回します。すると、車両の価値は毎年下がり、金利の高い借入金だけが増えていくため、会社の状況がもっと悪くなるのです。

資金的に厳しくなったときに最初に社長がするべきことは、「アセットファイナンス」。つまり資産売却です。これをできる社長は、生き残れる可能性が非常に高いのです。

また、リースだと中途解約した場合に違約金を支払わなければならないというデメリットもあります。割賦であれば未払金は残ってしまいますが、売却も可能ですし何よりもキャッシュが入ってきます。

資金繰りとして安全性を考えるのであれば、リースよりも割賦購入です。

ANSWER

つぶさない社長は、車を割賦購入する。

貸借対照表を見る
vs
損益計算書を見る

経営者として事業をしていく中で、必ず勉強しなければならないのが「貸借対照表」と「損益計算書」です。それぞれ「B／S」「P／L」とも言いますが、事業をしていくのであれば、この2つについては必ず理解しておく必要があるでしょう。

ただ、B／S、P／Lと言われても、それぞれの違いがあやふやな方も多いでしょう。これら2つが何を表しているのか、改めて確認していきましょう。

貸借対照表と損益計算書は、裏表の関係だと言われています。

たとえばリンゴを現金で300円で仕入れて1000円で売った場合、貸借対照表には1000円の現金から300円の現金が出ていき、最終的に700円の現金が残ったという形で計上されます。つまりこれは、**資産の流れを追いかけている**ことがわかりますね。

一方で損益計算書を見てみるとどうでしょう。1000円という売上と300円の仕入れ、そして700円の利益が計上されます。こちらは**利益を追いかけている**のです。

つまり、貸借対照表と損益計算書では、**視点が「資産」なのか「利益」なのか、そこが大きく違う**と言えます。

経営者は「貸借対照表（B／S）」を優先すべき

では、経営という観点で見たときに、どちらを優先すべきなのでしょうか。

「B／Sを制するものが商売を制する」という言葉がありますが、**資産の流れを追っていく「貸借対照表」を重視することが会社経営として安全です。**

ちなみに銀行も、融資の際に最初に見るのは貸借対照表です。

「儲かっているかどうかを確認するなら、利益を追える損益計算書を見たほうがいいのでは？」と普通なら思いますよね。でも、**銀行は最初は必ず貸借対照表を見るのです。**

少し物騒に聞こえるかもしれませんが、返済できなくなったときにどのくらいの資産を差し押さえることができるか、貸借対照表を見ればわかるからです。

また、以前、監査法人の監査に立ち会ったことがあるのですが、彼らもやはりまず最初に貸借対照表をチェックしていました。ホワイトボードに1個ずつ勘定科目を書いていき、それが実際の数字と合っているかを調べていたのです。

たとえば立替金というものが貸借対照表に載っていると「この立替金はなんだ？」と、立替金の資料を見ていくわけです。貸借対照表の数字をすべてチェックして問題がなければ、その後にようやく損益計算書の数字を確認するという順番でした。

やはり、会社の財務状況がしっかりと把握できる貸借対照表を、どこも優先して見るのです。

貸借対照表がわかれば、黒字倒産なんか起こらない

私が会計学を勉強している頃からそうですが、**貸借対照表は「会社の成績表」**と表現されます。これまで会社がどのように資産を積み上げてきたのかが、一発で全部わかるからです。

よくニュースなどで、黒字なのに倒産してしまったという企業がありますが、**貸借対照表を主体として見ておけば、黒字倒産なんてことはまず起こり得ません。**しかし、もし社長が損益計算書しか見ていなければ、黒字倒産は可能性として大いにあり得ます。

少し例を挙げて説明します。

売上が上がってから、60日後に入金される取引があるとします。しかし、それらの

経費の支払いが30日後にあるとなった場合、経費を支払ってから1カ月後に入金されることになってしまいます。

もし仮に手持ちの現金が少ないにもかかわらず、その取引先の仕事がどんどん増えていってしまった場合、どうなるでしょうか？ **みるみる現金が少なくなり、資金繰りが苦しくなってくる**のはわかりますよね。

損益計算書を見てみると、売上がとても上がり、利益もしっかりと出ていることになります。もしその会社の社長が損益計算書だけしか見ていなかったらどうでしょう。「利益が出ているのだから、もっと取引をしていこう」、そう考えてしまいます。

しかし、**資産ベースでは手持ちの現金がほとんどなくなっている状態です**。最終的に、首が回らなくなり、利益が出ているのに倒産してしまう。これが黒字倒産のカラクリです。

もしこのとき社長が貸借対照表を見ていれば、現金が減っていくのが一目瞭然です。「60日後の入金をどうにかして早めなければ、資金繰りがマズイぞ」となるわけです。

そうなると、たとえば追加融資、電子記録債権やファクタリングなどを利用して、入金サイクルの問題を解決して、黒字倒産を防ぐことができるのです。

売上が上がっている損益計算書だけ見ていたら、このようなお金の動きは一切見えてこないわけですから、経営者はまず貸借対照表をチェックして、資産がどう動いているのかしっかりと確認することが大事なのです。

ANSWER

つぶさない社長は、「利益」ではなく「資産」を見ている。

財務会計 VS 管理会計

第2章で少し触れた、2カ月で廃業したカレー屋の話です。知り合いのオーナーがカレー屋を始めるということで、私の元を訪ねてきました。話を聞くと、誰もがうまいと唸るようなカレーをお手頃価格で提供する、そんな最高のカレー屋を開くのだと非常に熱く語っていました。

しかし、実際に蓋を開けてみると開店1カ月目で大赤字、どうしたものかと数字を見てみると、なんと原価率が65%もあったのです。この数字を見たとき、私はブイヨンを作るのに松阪牛でも入っているんじゃないのか⁉と思ったくらいです。つまり、それほどカレーを作るためのコストが高かったのです。

そしてあろうことか、それを数百円のお手頃価格で提供しているわけですから、これはもう商売として成立しないなと、私は完全に白旗をあげました。

翌月、私はオーナーに「原価率と粗利益率が最低でも逆にならないと厳しいです」「これは商売ではありません」と伝え、結局、オーナーは2カ月でそのカレー屋を廃業する決断をしました。原価率65%のカレーは、趣味として作るのであれば問題ないですが、商売としてやるわけですからどう考えても厳しい。オーナーの撤退という判断は正しかったと言えるでしょう。

経営者であるならば、おいしいカレーを作るだけでなく、**しっかりと利益を出すために数字にも目を向けなければならない**わけです。

このカレー屋のオーナーのようにならないために、どうしたらいいかと言うと、**事**

業を行う際には「管理会計」を導入して、しっかりと指標を見ながら経営をしていってほしいのです。

会計には「財務会計」と「管理会計」という2種類の会計があります。

財務会計は、社外の人に自社の財務状況を把握してもらうための会計です。いわゆる決算書や試算表、これらを作る会計のことを指します。

一方で管理会計は、**「経営者が自社の経営状況を把握したり将来どのように会社を経営していくかという情報がまとめられた会計」**だと考えると、わかりやすいでしょう。

たとえば、銀行が企業に融資をする際に決算書を提出してもらい、審査を行いますよね。銀行がその会社の決算書を作るわけではなく、提出された決算書をチェックして企業の財務状況を審査するわけです。

だから銀行は「管理会計」の観点から企業を見ていると考えられます。

経営者は決算書を作ることを目的として仕事をしているわけではありません。会社を経営して利益を出すことが仕事です。

ですから、財務会計の部分は顧問の税理士や会計士に任せて、**そこから上がってきた試算表や決算書をどのように活かしていくかということ（管理会計）に、注力すべき**なのです。

粗利益率と損益分岐点を把握しよう

管理会計を導入していくにあたり、私がとくに優先して算出すべきと考える項目を2つ、ご紹介します。それが**粗利益率**と**損益分岐点**です。

この2つは、経営者であれば絶対に知っておかなければなりません。

まず、粗利益率というのは全体の売上に対してどのくらいの粗利があるのか、その割合を示すものです。

粗利益は、売上から仕入れや外注費など、売上に直接対応する費用を引いた大元の利益のことで、ここから人件費や諸経費が支払われるので、経営する上で非常に重要な指標となります。

もし粗利益率が低いと、必死に頑張って売上をどんどん上げなければ、経費が払えずに赤字になってしまうということです。

次に、損益分岐点は、**どのくらいの売上を上げれば費用と釣り合うのかという指標**です。事業を行うと家賃や人件費など、さまざまな経費がかかってきます。それらの経費をすべて賄うためにどのくらいの売上がなければならないのか、これを知るための指標が損益分岐点です（損益分岐点は、固定費を粗利益率で割ることで算出できます）。

粗利益率と損益分岐点を知っておくと、**いくら売ると損益がゼロになるのかがわかります**。たとえば損益分岐点が1億円で、売上が1億2000万円だったとします。そうなると、仮に売上が2000万円落ちたとしても、損益としてはトントンで赤字にならないということがわかりますよね。

これを管理会計を使ってどう考えるかと言うと、損益分岐点まで2000万円の余裕があるので、今のうちに利益率の悪い顧客を切って生産性を高める事業に舵を切っていこうとか、多少顧客に切られてもいいからもう少し強気の交渉をして利益率を上げていこう……そんな具合に、**会社の中の体質改善を行うことができるのです。**

管理会計を理解すれば、現在の会社の経営状況を正確に分析することができるため、今後の経営方針や事業の改善策などを的確に実行することが可能になります。

いくら売れば黒字になるのか、現状の売上であればどのくらい粗利益率がなければならないのか。一見するとそんなに大した指標ではないように感じられますが、それがわかっているだけで、事業の見通しが大きく変わります。

ANSWER
▼

つぶさない社長は、管理会計に注力している。

売上は総額表示 VS 売上は純額表示

私のクライアントで、電動工具の代理店を営んでいる会社があります。商品はメーカーから直送のため、その会社自体は倉庫を持っていません。つまりお客様に商品を売っても、請求書のやり取りだけの取引になります。

この取引の場合、損益計算書上は売上1000万円、仕入れ800万円、粗利益は200万円です。このように、売上金額を総額で表示することを**総額表示**と言います。

これに対して、メーカーに販売先を紹介してコミッション（紹介料）を200万円もらう取引……と考えた場合はどうでしょう。つまり、売上200万円、粗利益200万円の取引にするのです。これを**純額表示**と言います。

どちらも利益は200万円なので、同じように見えるかもしれません。

しかし、**金融機関からの印象と資金繰りの面では、大きく違いが出ます。**

というのも、お客様に商品を販売するのではなく、メーカーからコミッションを受け取る純額表示の場合、**金融機関からブローカーと認識される可能性があります。**金融機関は商売形態が把握しづらいブローカーを嫌う傾向にあるため、この取引においては純額表示はあまりおすすめできないと言えるでしょう。

また、近年、資金繰りの施策としてファクタリングを利用する会社が増えています。先ほどの取引の場合、総額表示すると売上が1000万円あるため、仮に売掛金が1000万円あればファクタリングを通して1000万円借りることが可能です。しかし、**純額表示にしてしまうと、売上が２００万円になるため、最大でも２００万円しか借りられないことになってしまう**のです。

経営の実態が何も変わっていないのにもかかわらず、８００万円も借入限度が減ってしまうのですから、これは経営としては大きな問題です。

総額表示と純額表示、どちらにメリットがあるのかと考えると、**資金調達という点では総額表示でしょう。**

「B／Sを制するものが商売を制する」という言葉があるように、売掛金をはじめとする資産が大幅に減少してしまう純額表示をあえて選択する必要はありません。

総額表示と純額表示、両方がある業種ならどうする？

では、総額表示と純額表示の両方がありえる業種についてお話しします。わかりやすいように事例で見ていきましょう。

たとえば太陽光発電の取り付け工事。材料をメーカーから仕入れ、一般住宅に取り付け工事を行います。これは**総額表示**になります。

では、その太陽光発電のメンテナンスも年間契約で行うとなった場合はどうでしょう？　実は、このメンテナンスの売上は**純額表示**になるのです。

このようなケースでは、**総額表示の事業と純額表示の事業を分けて、別会社にする**という選択肢がベターです。理由は消費税の節税を図るため。実は純額表示のビジネスモデルは、148ページに出てきた「簡易課税」を選択すると、売上にもよりますが、ほとんどの場合でそのほうが得になるのです。

たしかに一般的には、売掛債権が多いほうが資金調達面では有利になります。ただ、今お伝えしたようなケースの場合、金融機関は両方の会社の決算書を求めるため、その限りではありません。別会社を作ったほうがメリットになることもあります。

ですので、まずは消費税のシミュレーションを行って、会社を分けたほうが得になるかどうかを確認することをおすすめします。

ANSWER
▼

つぶさない社長は、経営の安全性を考えて売上は総額表示を選ぶ。

粗利益を重視する
vs
売上を重視する

20年ほど前でしょうか、携帯電話をとんでもない安値で販売している会社をよく見かけませんでしたか？

私も知り合いから「年商3億円の会社が税理士を探しているから相談に乗ってほしい」と言われて、携帯電話の販売を行っている会社を訪問したことがあります。「3億円か……なかなか大きい会社だな」と思っていたのですが、行った先でそこの社長から決算書を渡されて驚きました。なんとその会社、**粗利益がたったの6%しかなかったのです**。

売上3億円の6%ですから、粗利益が1800万円しかなかったわけです。経常利益でも営業利益でもなく、粗利益が1800万円なのです。そしてその会社には社員が4名いて、携帯電話を売るためのアルバイトも20名ほど抱えている状態でした。

決算書を見ながら仕事の内容を聞き、すぐに大赤字の会社だとわかりました。当時はまだいろいろな金融会社があって、赤字でも月商の3カ月分であればお金を貸してもらえたため、大赤字なのに借入れが1億円もありました。

これは絶対に返せないだろうなと思いながら「どうして新しい税理士を探しているのですか？」と訊ねると、「急に先生が病気になって、来られなくなったんです」という答えが。普通の税理士事務所であれば、先生が病気でもスタッフが訪問しますから、「スタッフの方も来ないいんですか？」ととぼけながら聞くと、「どうしてか来てくれないんですよ」と……。

私はきっと税理士に報酬を払っていないのだろうと思い、元帳のデータをチェックしてみました。すると案の定、税理士への支払いがまったく出てこなかったのです。要するに、ずっと支払いを踏み倒していたため、税理士に契約を切られてしまったようでした。せっかくの紹介でしたが、最終的に丁重にお断りさせていただくことになりました。

何も考えなければ、利益は後からついてこない

経営者の中には、「とにかく売上！　利益は後からついてくる！」と考える方がいらっしゃいます。ただ、これはそれなりの利益率があることが大前提です。売上を上げても赤字になっていたら、そんなことは絶対に言えません。やはり**最低限の利益は確保した上で、売上を上げていかなければならないのです。**

粗利益は、売上から仕入れや外注費など、売上に直接対応する費用を差し引いた大元の利益です。この粗利益から人件費や家賃、借入れの返済、利息を払うことになり

ます。

粗利益は、人間で言うところの基礎代謝に当たります。**基礎代謝が低ければ人間は健康ではいられないのと同じように、粗利益が低ければ会社は存続しません。**

だから、**経営者は売上よりも粗利益を重点的に見て、粗利益が低いようであればそれを改善する施策を打たなければならない**のです。

売上ももちろん大事ですが、まずはしっかりと利益率を確保して、その上で売上を考えるようにしてください。そうしないとこの携帯電話販売会社のように、どれだけたくさん売上を上げても自社の経費が賄えないような状態になってしまいますよ。

ANSWER
▼

つぶさない社長は、粗利益を高めている。

自社で売る VS 代理店を募集する

営業ができない人が最初に思いつくのは、代理店を通した販売だと思います。自分で売るという考えがそもそもないため、いきなり「販売店を募集します」という形で、代理店を通して売ろうと考えるケースが多いのです。

ただ、もともと代理店との関係があり、販売実績も出ている商品であれば代理店との契約も難しくはありませんが、**まったく実績がない状態でいきなり代理店を募集し**

でも、うまくいくことはありません。

なぜなら、代理店側からすれば、その商品が売れるかどうか、まったくわからないからです。

自社で売れない商品に、代理店は反応しない

私のクライアントの中でも、自社製品を販売してもらおうと代理店を募集した会社がありました。立ち上げたばかりの会社でしたが、自社の技術力にとても自信を持っている会社で、初めて開発した商品を販売するとなった際に、代理店を通して販売することにしたのです。

ただ代理店を募集するにあたり、大きな問題がありました。その商品の販売実績がまったくなかったのです。それにもかかわらず、自信満々で「いい商品なので、あなたたちに売らせてあげますよ」と、そのような態度で代理店を募集していたのですから、驚きました。

これではおそらく代理店は集まらないだろうと思ったので、「まずは自社で販売実

績を作ってみてはどうですか?」と提案したのですが、「いやいや松岡さん、うちの技術力は本当にすごいんですよ、代理店なんてすぐに決まります」とまったく聞く耳を持ってもらえませんでした。

たしかにその会社は技術力は高かったのですが、さすがに販売実績のない商品を売ってくれる代理店はないでしょう。案の定、どこからも代理店契約の話はなく、その会社も自社で売るのではなく代理店での販売にこだわってしまったため、結局事業が立ち行かなくなり、倒産してしまいました。

代理店に限らずフランチャイズもそうですが、**絶対に売上が上がるという実績があるからこそ、相手は契約します**。まったく実績がなければ誰も見向きもしないというのは、当然の話です。

もし本当に代理店を通して販売したいと考えるのであれば、まずは自社で販売実績を作り、「この商品を売ってこれだけ儲けました」と見せるべきでしょう。言い方は悪いですが、**夢を見せない限り、代理店は動かないのです**。

代理店を通した販売は悪くない選択ですが、お互いに利益が出るような仕組み作りを怠ってしまうと、いつまで経っても代理店からの問い合わせは来ません。

総代理店契約には注意を

代理店を通して販売する場合でも、通常の代理店と「総代理店」の契約ではまったく違ってきます。とくにメーカーの場合は、この違いを理解していないととんでもないことになってしまうので、気をつけてください。

総代理店契約というのは、その製品の独占販売ができるような契約です。ですから、場合によっては非常にリスクが高い契約だと言えます。**とくに中小企業が大手企業と契約する際に総代理店契約を結び、つぶされるというケースはよくある話です。**

たとえば、中小企業のメーカーで非常に売れ行きがいい商品があったとします。ある程度売上が上がってくると、大抵の場合「うちで総代理店を任せてもらえませんか？」と、大手の商社の営業担当者が訪問してくるようになります。

何も知らない中小企業の社長は、「うちの商品をこんな大きな会社が総代理店として販売してくれるんだ」と舞い上がって総代理店契約を結ぶのですが、これが実は地獄の始まりとなるのですから、恐ろしい話です。

総代理店契約は、独占販売権を渡すのと同義です。つまりは、**総代理店契約をした会社にしか商品を卸せなくなる**ということです。これはある意味、自分の首を絞めるのと同じで、**相手が売り方を好き勝手できてしまう**ということなのです。

たとえば、資本力がある商社が総代理店になった場合、契約後にいろいろと理由をつけてその商品を売らない可能性もあるのです。「もっと卸値を下げてくれないと、売りませんよ」、そういうことが資本力がある会社であればできてしまいます。

中小企業としては、代理店が売ってくれなければ売上が止まるわけですから、非常に困る状況です。だから仕方なく卸値を言い値に近い金額まで下げ、「なんとか販売をお願いします」と頼むことしかできなくなります。

このような図式になってしまうと、総代理店契約をしている商社だけが儲かり、中小企業のメーカーは一切儲からない……ということになります。

でも、こんな状況が続くと中小企業は最終的にはつぶれてしまいますよね。中小企業がつぶれてしまっては、総代理店も困るのでは？　と思うかもしれません。

しかし、実は全然困らないのです。中小企業がつぶれそうになったときは、商社がその潤沢な資本力で「うちがお金を出すので傘下に入りませんか？」と、まるで救いの手を差し伸べるかのように提案し、中小企業が持っている工場、人、ノウハウ、すべてを手に入れるという算段になっています。最初の営業の段階からこれを目的として近づいてきているわけですから、本当に恐ろしいですよね。

もちろんすべてがこのケースに当てはまるわけではありませんが、こんなこともできてしまうので、総代理店契約というのは非常にリスクが高いのです。

これは決して想像の話ではなく、実際に似たようなケースを私は何度も見てきていますから、中小企業のメーカーのみなさんはくれぐれもお気をつけください。

ANSWER ▼

つぶさない社長は、まずは自社で販売実績を作る。

他社よりも1円でも高く売る VS 値引販売をする

私のクライアントの中に、**「他社で同じレベルの商品が1万円で売られていたら、うちは必ず1万1000円で売る」**と言う社長がいます。意味がわからなかったため「その1000円はなんですか?」と聞いたら、「決まってるだろ、それはうちのブランドとしての金額だ」と言うので、「なるほど」と納得してしまいました。

その社長が言うには、他社で1万円で売っているところを9900円にするから価格競争に巻き込まれるのだそうです。

一度価格競争に入ってしまうと、今度は9800円、9700円、9600円……となっていき、どんどん会社としての体力を弱めていってしまいます。

だから「うちは1万1000円から動かない」。その代わり、「他社と何が違うのか」、ここをひたすらアピールして販売する。安売りに動じないというのは大切という話で、すごいなと感心してしまいました。

たしかに安売りをして粗利益がとれなくなってしまうと会社の体力はなくなり、最終的にはつぶれてしまいます。何より問題なのは、**安値で販売していると高く売るためのブランドのポジションがとれなくなる**という点です。一旦安売りのイメージがついてしまうと、そのイメージはなかなか払拭できません。

価格競争に巻き込まれると資本力の勝負になるため、大手企業に勝つことはできません。ですから、中小企業は安売りを選ぶのではなく、**生き残る術として、工夫して高く売らなければならないのです。**

また、安売りは客層にも大きく影響します。

高級居酒屋を経営しているとある会社の例をご紹介しましょう。その居酒屋の客単価は5000円程度で、カップルのデートや接待で使われることが多いお店です。

今は客単価も安定し、うまく回っていますが、開店当初はどちらかと言うとサラリーマンや現場仕事の方が多く来店しており、売上も芳しくありませんでした。明らかにコンセプトと客層が乖離していたため、社長も「どうしたものか……」とずいぶん頭を悩ませた様子で、「なんとかなりませんか？」と相談にやってきたのです。

データを見せてもらうと、お客様のほとんどが串盛りを一つ頼み、あとは瓶ビール1、2本で何時間もダラダラと飲んでいるという事実が浮き彫りになりました。ちなみにその串盛り、かなりボリュームがあって、しかも価格はリーズナブル。近くに大衆向けの焼き鳥居酒屋があり、負けないようにと作られた目玉商品でした。

私は「メニューから串盛りをなくしたらどうですか？」と伝え、「焼き鳥が食べたいなら、向こうに焼き鳥屋がありますよと紹介しましょう」と提案しました。すると社長は、「それは困ります。今よりお客様がいなくなっちゃいますよ！」と言います。そこで私は、「お店のコンセプトと乖離しているので、串盛り目当てのお客様は来ないほうがいいですよ」と、データを見せながら意図を説明したのです。

お店のコンセプトや想定している客単価があるのに、わざわざ単価が下がるようなメニューを作っていること自体が問題です。想定している客単価と客層があるならば、それに見合った価格でメニューを提供しないと、想定している客層も足を運ばなくなります。串盛りがメニューから消えた後は、客層が大きく変わっていき、当初のコンセプト通りデートや接待として使われることが多くなりました。

このように、**安売りしたことで結果的に売上が落ちるというケースも珍しくはない**のです。とくに資本力がない中小企業は大企業とは戦い方が違いますから、**常に上を見るように工夫していかなければ、道を切り開くのは厳しい**と言えるでしょう。

ANSWER
▼

つぶさない社長は、他社よりも1円でも高く売る。

ポテンシャルの高い人間を採用 VS ヘッドハンティング

これは私見も入ってしまうのですが、**私の経験上、ヘッドハンティングされてやってきた人の中で、会社にとって本当に有益になる人を一度も見たことがありません。**

以前、顧問をしていた会社が上場するということで、準備のための監査役としてお手伝いをしたことがありました。

その会社には経理が3名いて、社内の一般的な経理業務をする人が2名と、会計知識が求められる専門的な仕事をする人が1名という内訳でした。一般的な経理業務に関してはとくに問題はなかったのですが、専門業務の担当者は驚くほど入れ替わりが激しく、毎月会社に訪問するたびに人が代わっているような状態でした。

さすがにこれでは仕事にならないだろうと思い、役員に事情を聞いてみると、全員がヘッドハンターからの紹介で、専門職を採用しているとのこと。「自社で採用しないのですか?」と聞くと、「ヘッドハンティングのほうが優秀な人が集まるし楽だから」とのことで、ヘッドハンティングを中心とした採用を続けていくと言われたのです。

ただ実際には専門業務の担当者はどんどん辞めているという現実もあるため、「これだけ辞めるのであれば、採用のほうにも問題があると思いますよ」と伝えると、「でしたら、次から一緒に面接していただけませんか」とお願いされ、それ以降の面接は私も同席することになりました。

実際にヘッドハンティングで来た人を面接してみると、「どうしてこんなことを言うんだろう」という人ばかりで、驚きました。たとえば、「今こちらの面接を受けていますが、別で大手商社の○○も受けていて、おそらくそちらが決まりそうです」と、面接で平気で言うわけです。

私が思わず「なるほど、ではぜひ○○さんに行ってください」と言うと、その人はキョトンとしていました。私からすると「大手商社と天秤にかけて決まりそうなのであれば、商社のほうが絶対にいいのだからそっちに行ってくれ」という意図があったのですが、それが彼らにはまったく伝わらなかったようです。

それはさておき、会計の専門業務担当者を採用するための面接は、難航を極めました。優秀な人材を紹介してもらえるものの、本当に会社にとって有益な人が見つからなかったからです。

基本的に、ヘッドハンティングで来る方のほとんどはお金が目当てです。中には「やりがい」という方もいますが、割合としては、「今の条件よりももっといいところで働きたい」という方が多いです。もちろん、普通の転職でもそういう方はいますが、ヘッドハンティング経由だと、これが非常に顕著です。

お金目当ての人は、お金で動きます。とくにヘッドハンティングのサイトに登録している方は優秀な方が多いので、ヘッドハンターからもっと条件のいいところを紹介されると、会社に居着くことなく、次の職場へすぐに移ってしまうのです。

ヘッドハンターという仕事は、紹介料として紹介した人の年収の何割かを会社からもらう報酬形態のため、優秀で年収が高い人を優先的に紹介する傾向にあります。そのため、彼らが持ってくる案件をそのまま素直に受けて採用すると、すぐに辞めてしまうリスクが生じるのです。

結局、その会社はまたヘッドハンティングを使うという話だったので、私がヘッドハンターに話をし、次のような条件を出すことにしました。

「専門的な業務だけれども実務経験ゼロでいいです。その代わり、知識だけはある素直な人を連れてきてください」

もともと、この会社が数人規模のときは、私が顧問として会計税務を担当していました。ですから、ちゃんと会社に居着いてくれれば、私が業務を教えられたのです。だから、即戦力ではなくポテンシャルを重視して、かつしっかりと居着いてくれる人を紹介してもらう、という意図がありました。

するとその後ヘッドハンターから連絡があり、実務経験はないけれども日商簿記1級の資格を持った、とっても素直な方が入社することになりました。

ポテンシャル採用とはよく言ったもので、3カ月ほど実務を教えると、その方はほとんどの業務を一人でできるようになりました。それどころか、監査法人が使うオリジナルのソフトなどの入力もあっという間に覚えて、私のほうが勉強になったと感じるほどでした。


数年後、その会社はうまくいかずに清算する流れになるのですが、その方は清算の最後まで仕事をやり遂げていました。

私のクライアントの中で経理を探している会社がたくさんあったので、どこでも紹介しますよと伝えたのですが、次に働く会社は見つかっているとのことで、ここでの実務経験はすごく大きかったと最後に感謝を伝えられました。


ヘッドハンターから人材を紹介してもらうのは、悪いことではありません。しかし、人を見極めるというのは経営者に求められる能力なので、**社長ならば人を見る目をしっかりと養っていかないと、本当に会社にとっていい人材を採用することが難しくなってしまいます。**

最近はＳＮＳを利用した採用などもありますから、ヘッドハンターからの紹介一辺倒になるのではなく、自社でしっかりと力を発揮する人材を育てるということも意識しながら、人材採用を行うようにしてください。

ANSWER

つぶさない社長は、
ヘッドハンティングに頼りきりにはならない。

有料コンサルタント VS 無料相談会

商工会議所で税理士や弁護士が、毎月無料相談を実施しているのをみなさんはご存じでしょうか。創業したばかりで資金的に厳しい経営者には、私はまずこちらの無料相談を利用するようすすめています。

実は私も独立したての頃、4年ほどここの相談員をやりました。相談内容は記帳指導、申告書の書き方、事業計画書の書き方、融資の相談など多岐にわたります。無料なのでお金もかかりませんし、創業時などであれば積極的に利用することをおすすめします。

ただ、こちらはあくまで無料相談のため、会社を経営するための初歩的な情報や作業的な内容が主となります。

たとえば「会社の売上をどう上げていくか」や「集客につながる広告の手法」「優秀な人材をどう採用するのか」といった、経営に関する根本的な内容について相談に乗ってもらえるかと言うと、なかなか難しいというのが本音です。あくまで無料の相談ですから、実際にはそこまできめ細かな対応はできないのです。

ですから、無料相談はあくまで創業時の資金が脆弱なときに利用するものと割り切り、収益が上がってきたら早めに卒業するようにしてください。

「無料のほうがお得だから、こっちのほうがいいだろう」と利用する方も多いのですが、**事業にかける労力を「投資」ではなく「コスト」でしか考えられないような経営者は、大抵の場合、失敗します。**

そこは「投資」と考えを切り替え、お金を払ってでもコンサルタントに依頼するほうがいいでしょう。結果的にそれが会社を経営するモチベーションにもつながってきますので、**しっかりとフィーを支払い、その分会社のリターンにつなげる**、そのような自己投資の上手な経営者を目指しましょう。

コンサルティングを受ける前にやるべきこととは？

有料コンサルタントからコンサルティングを受けようと思ったときに問題になるのが、どのような人のコンサルティングを受けるべきか？　という点でしょう。

コンサルタントと言っても腕のある人、普通の人、実力がまったくない人、玉石混淆で選ぶことが難しいです。

ではどのように選ぶのがいいのか。

まずは、外ではなく自分に目を向けるようにしてください。どういうことかと言うと、**「どうして自分はコンサルティングを受けるのか？」という目的を明確にしてほし**

いのです。これがコンサルティング選びで最も重要になってきます。

以前、私のクライアントがコンサルティングを受けたいと相談してきたことがあります。そこで私が、「社長は会社のどの問題を解決したいと考えているのですか？」と聞いてみると、「いや、問題というか、コンサルを受けて会社がもっといい方向に進めばいいと思っているんだよね」と、なんとも漠然とした答えが返ってきました。

「何か具体的な課題とか、明確な目的はありますか？」と改めて聞き返しても、「いや、別にとくにないよ」と、まったく回答にならなかったので、最終的に私のほうから「何を解決したいのか決まったら改めてお話ししましょう」と言って、コンサルティングの契約をお断りしました。

このように、多くの会社がコンサルティングを受ける際に、「なんとなくよさそう」「売上が上がりそう」といった漠然とした感覚で受けてしまう傾向にあります。

しかし、残念ながらそのような感覚でコンサルティングを受けても、結果につながることはありません。なぜなら、コンサルティングというのは課題を解決するためのサービスだからです。**目的や課題がはっきりしていなければ、まったく意味がないのです。**

ですから、もしあなたがコンサルティングを受けようと考えているのであれば、何よりも最初に、明確な目的や何を解決したいのかなど、はっきりと課題を把握してから適切なコンサルタントを探すようにしたほうがいいでしょう。

ちなみに私の経験上、経営者が解決したい課題は次の7つの項目に分けられます。自社の課題や目的が明確になっていない方は、ぜひ参考にしてみてください。

①資金繰り　②集客　③販売　④自分の知識の整理、スキルアップ
⑤人材採用、労務関係　⑥補助金、助成金　⑦事業承継

有能なコンサルタントはどこにいる？

私自身もコンサルティングを受けた経験があります。

これまでさまざまな実務を通してインプットしてきた知識がバラバラだったこともあり、これらの知識を点ではなく線にして、体系的に情報を整理したいと考え、公認会計士の先生にコンサルティングをお願いしました。その方は1年かけてオーダーメイドで私の頭の中を整理してくださり、私の問題は見事に解決しました。

コンサルタントなんて全部怪しいと思っている方もいるかもしれませんが、自分が何を解決したいのか、目的を明確にした上で実績があるコンサルタントに依頼すると、驚くほどその効果を感じます。

実績のある腕のいいコンサルタントを探すには、さまざまな方法がありますが、一番いい方法は知り合いからの紹介でしょう。

もちろん紹介してくれる方自身がコンサルティングを受けていることが前提ですが、身近なところで成果を見ることができるので、コンサルタントが有能かどうか、その判断がしやすいと言えます。

知人の紹介以外で探す場合には、書籍から探すのも一つの手段です。

いいなと思った本の著者のウェブサイトにアクセスし、そこから情報を収集します。たとえばメルマガなどの情報発信をしているのであれば、登録してそこから得られる内容を判断材料にするのです。

他にはＳＮＳやブログ、ＹｏｕＴｕｂｅなどの情報をチェックしてみるのもいいでしょう。いずれにしてもコンサルタントの場合は、情報発信をした後に集客として、無料もしくは1回数千円程度の低額のセミナーや動画を発信していることが多いです。ですから、まずはこれらを確認してみて、そこから自分の目的に合ったコンサルタントを探してみるのがおすすめです。

コンサルタントの支払いは投資？　それともコスト？

有料のコンサルティングを受ける場合、**コンサルタントに対する支払いを「投資」と考えるか「コスト」と考えるか**は、とても重要な話です。

なぜなら、コストと考えてしまうと、価格の安いコンサルティングを提供する人がいいコンサルタントになってしまうからです。

実は過去に、商工会議所や中小企業基盤整備機構が行っている中小企業診断士の無料相談からお客様を紹介していただき、税務のコンサルタントをしたことがあります。どのお客様も創業期の会社ではなく、ある程度事業を継続している会社でした。紹介を受けた際に「よく無料相談を利用されるのですか？」と聞くと、全員が「無料だからね」と答えたのです。ちなみにそれらの経営者の多くが、私との契約の際、報酬を値切る方が多かった印象です。

成功者の多くはお金の使い方に厳しいとよく聞きます。しかし、**経営にかかわるような重要な部分すらコストと捉えてしまうのは、さすがに違うのではないでしょうか。**

無料相談から紹介を受けていたのはもう20年以上前の話ですが、そこから契約したお客様で今も会社を続けられているところは一つもありません。これが現実なのですね。

私はコンサルタントの支払いに関しては、自分への投資と考えるようにしています。先の無料相談から紹介していただいたお客様がそうですが、重要な情報の取得やノウハウの対価を「コスト」と考えてしまう人は、経営に対するモチベーションがとても低いと感じます。

当たり前ですが、無料だったり安かったりする情報は、安かろう悪かろうで質が悪いものが多いのが現実です。もし本当にわからないことや自分で解決できない問題があるならば、その解決に充てる費用をコストではなく投資と考え、自分のものにしてリターンを得ることに集中したほうがいい結果につながります。

もしコンサルティングを受けるのであれば、その対価をコストではなく投資として考えて、1日でも早く回収するように努力する。その意識を持ってコンサルタントを利用すれば、有料のコンサルティングも非常に有益になると言えるでしょう。

最後に、いいコンサルタントの見分け方を5つお伝えします。

①コンサルタント自身も成果を上げている

②参加者の意識が高い

③マインドの話を必ずする

④スタッフに任せず、コンサルタント自らがヒアリングをする

⑤コンサルタント自身も他のコンサルティングを受けて自己研鑽している

私もいくつかコンサルティングを受けていますが、これらの要件をすべて満たしているコンサルタントから受けて、はずれたことはありません。

経営課題に頭を抱えている方で、課題解決の手段として有料のコンサルティングを検討している場合は、これらのポイントが満たされているのか、しっかりと確認するようにしましょう。

ANSWER

つぶさない社長は、コンサルタントへの支払いを投資と考える。

市場を見る VS 社内を見る

経営者にもいろいろタイプがありますが、私の経験上、**うまくいっている会社のほとんどが、社長自身が市場のニーズを把握する努力をしています**。

会社にこもりっきりで取引先に行かずに、従業員にはあれこれと指示を出す。社内にばかり目を向けて、最終的には「コスト削減だ」とリストラをする。当たり前ですが、そのような会社がうまくいくことはありません。

私は、経営者の仕事は「市場から仕事を取ってくること」だと考えています。仕事を取るということは、外のニーズを拾いに行くことですから、**経営者であれば社内ではなく社外に目を向けて、市場がどちらの方向に動いていくのか、そこを見据えていなければなりません**。会社のトップである社長が市場を見ていなければ、近い将来その会社の売上はどんどん落ちていく一方だと言えるでしょう。

会社にとって一番のコンサルタントとは？

そもそも、会社にとって一番のコンサルタントは誰か、考えてみてください。

本当に会社にとって有益な情報を提供してくれるコンサルタントというのは、**実際に商品やサービスを買ってくれているお客様**です。

お客様が実際に商品を使ったりサービスを利用したりする、そこで出てきた言葉が課題解決のためのヒントや答えになるのです。正直な話、どんな有名なコンサルタントが提案する内容よりも、お客様が発した声のほうがずっと説得力があるものです。

私が10年以上顧問として契約しているいくつかの会社の社長に、「どうしてこんなに長く顧問契約をしてもらえるのでしょうか」と聞いたことがあります。すると、驚いたことにほとんどの方が「だって、松岡さんは……」とスラスラとその理由を話してくださったのです。

これはすごく重要なヒントだ、と思ったのを覚えています。私が気づいていないことを、即答でしかもたくさん教えてくれるわけですから。**何か課題が出てきたときは、まずお客様に聞いてみる**というのは非常に有効な手段と言えるでしょう。

とくに耳を傾けるべきは、長く付き合いのあるお客様です。付き合いが長いということは、価格だけではない他のメリットを感じてつながっているケースが多いのです。**価格と価値で考えたとき、優先すべきなのは価値**ですから、自社の商品やサービスのどこに惹きつける価値があるのか、しっかりと市場に目を向けて把握することが大切です。

たとえば税理士であれば、メールの返信が早いとか、電話するとその日のうちに必ず連絡をくれる……そのような小さい部分も価値になります。

本当にちょっとしたことなのかもしれませんが、そのような小さな部分を大切にしているからこそ、お客様が長く関係を続けてくれているのだと思います。

ANSWER
▼

つぶさない社長は、売上向上のために市場を見る。

社長が研修に行く VS 社員が研修に行く

**成長する会社はほとんどと言っていいほど、社長自らが研修に行って勉強していま
す。**学ぶことに対する自己研鑽のモチベーションがとても高いのです。
一方で、**伸びない会社の社長は、研修があると自分は行かずに社員に行かせます。**で
すから、社員のスキルは上がるのですが、社長がまったくスキルアップをしない状態
となります。

結局どうなるかと言うと、スキルアップした社員は転職や独立をして会社を辞めてしまい、会社の売上にまったく還元されずに終わってしまうのです。

営業から独立して会社を立ち上げた方のエピソードをご紹介します。その会社に、営業は未経験だけれども、非常に優秀な若手の新入社員が入社してきました。社長も優秀な人が入ったということで、当初はとても喜んでいました。

その人は営業の研修を受けると、すぐにとんとん拍子で営業成績を出し始め、あっという間に社内でもトップの成績を誇る営業マンになっていきました。非常に真面目で、自己研鑽のための勉強も欠かさなかったそうです。

しかしある日突然、退職届を提出し、「これからは独立して自分でやります」と言って辞めてしまいました。まだ入社して1年も経っていないくらいの話です。

「すぐに辞めるなんてけしからん」、そう思う方もいらっしゃるかもしれません。ただ、これは社長にも悪いところがあったのです。

実はその社長、会社の売上が上がっているのをいいことに、自分で営業はせずに取引先とのゴルフ接待にばかり精を出していたのです。

それればかりか、新入社員の営業力の高さに嫉妬したのか、「君にはまだまだ足りないところがあるね」と先輩風を吹かせて、口だけの指導はしていたそうです。これだと、辞めてしまった社員からすると、「この人は売上を上げずにゴルフばかりして、何を言っているんだろう」となってしまいますよね。

もともと社長はかなり勉強家でしかもやり手の営業マンでしたから、実際に営業して実力を見せたり、自己研鑽がわかるような仕事ぶりを見せたりしていれば、違う結果になっていたかもしれません。

会社のトップである社長ならば、社内の誰よりも仕事ができるということを社員に理解してもらう必要があります。自分ができる姿を見せ続けることで、社員に「ついていきたい」と思ってもらわないと、優秀な社員はどんどん辞めますし、会社も伸びていきません。

経営者としての資質が会社の売上に大きく反映される中小企業だからこそ、とくにこういった姿を見せることが必要です。

これがかつての大手企業であればまったく別です。いい大学を出てそれなりの成果を上げて、うまく立ち回り、運がよければ出世してそのまま役員になって、最終的に社長の椅子に座ることもあるでしょう。仕事ができるだけでなく、運や政治力が求められるわけです。

しかし、中小企業の場合は完全に実力が問われる世界ですから、社員よりもまずは社長自身がしっかりとスキルアップして、常に実力を見せていくことが必須なのです。

ANSWER

つぶさない社長は、常に自己研鑽している。

強み̇を̇伸̇ば̇す̇ VS 弱み°を°な°く°す°

事業を続けていくと、経営者としての「個性」が出てくると思います。たとえば営業力があったり、リサーチ力に長けていたり、資金繰りが上手だったり。人間の個性と同じように、経営にも個性があるのです。

その中で会社の強みや弱みが出てくると思いますが、はたしてどちらを優先的に強化していくといいでしょうか。

もし私がクライアントから、「うちは営業力が弱いから、今後は積極的に営業部隊を作っていこうと思っているんだけど、松岡さんはどう思う?」と相談を受けたとしたら、反対するかもしれません。

なぜかと言うと、**弱みを強くするのには、ものすごい労力とコストがかかる**からです。

たしかに営業力の強化は必要なのかもしれませんが、一から営業部隊を育てるのであれば、営業代行などすでに営業が強いところと組んで弱みを補強するか、資金力があるのであれば、M&Aでクライアントを持っている会社を買収したほうが、圧倒的に効果があります。

そして、たとえば自社にリサーチ力が高いという強みがあれば、リサーチ力にリソースを集中して強化し売上につなげていくほうが、圧倒的に効率がいいのです。

過去には、こんな事例がありました。私のクライアントで、精密機器製造業を営んでいる会社のケースです。

この会社は技術力が非常に高く、また資金力もあったことで機械も最新鋭のものを揃えていました。ただ、営業力がないのが弱みで、売上が年々減少していきました。そんな折に、社長の奥さまから「この状況をどうしたらいいでしょうか?」と相談を受けたのです。

私は、営業に自信がないのであれば……と、2つの提案をしました。一つは、同業で後継者不足の会社を事業買収する。もう一つは、同業の腕のある営業マンで「転職したい」と言っている方がいらっしゃればヘッドハンティングする。いずれも、**その会社の「資金力」という強みを使った解決策です**。

すると、思い当たる営業マンがいるというではありませんか。その方は業界でもちょっと名の知れた営業マンでした。

結局、半年かかりましたが、その方を口説き落として入社してもらったところ、今では売上は倍以上になり、毎年数千万円の利益を上げるまでに回復しました。

第2章でご紹介したドミナント戦略もそうですが、まずは一点に集中してそこを究めていく。弱い部分であれば失敗する可能性もありますが、強い部分はすでにある程度のノウハウがあるため、集中的にリソースを割いたとしても大きな失敗にはならず、売上につながる可能性が高いのです。

ですから、弱みと強みがあるならば、**しっかりと強みに目を向けるようにしましょう。**

ANSWER
▼

つぶさない社長は、強みを伸ばしていく。

おわりに　選択を間違えずに、10年続く会社を作ろう

53個の「**選択**」にお付き合いくださり、ありがとうございました。

もしあなたの会社が儲からない、何かうまくいかないなと思ったら、一度立ち止まってほしいのです。そういうときは、**どこかで選択ミスをして迷路に迷い込んでいる可能性が高い**ためです。一度迷路に入ると、そこから抜け出すのは非常に大変です。

会社をうまく軌道に乗せるには、選択を間違えないことです。だから経営者やこれから起業を考えている方には、最低限の知識武装をしてほしいと思います。

本文中で何度かお伝えしている通り、**安全性を担保することは非常に重要です**。

なぜかというと、たとえ選択を間違えても、致命傷になっていきなり倒産するようなことを減らせるからです。軌道修正をすれば、また新たにやり直しがききます。

私は経営は短距離走ではなく、マラソンだと考えています。10年継続する会社は10社に1社。**短期的に儲けるよりも、継続していくことのほうがはるかに難しいのです。**

「経営の本質を理解していれば、突発的な外部環境の変化があっても会社は簡単につぶれない」ということは、私のクライントが教えてくれました。

読者のみなさまも本質を理解して、経営というマラソンを完走しましょう。

今回このような場の提供だけではなく、原稿にアドバイスをくださいました山口拓朗ライティングサロン代表の山口拓朗さん、そして私の企画をしっかり形にしてくださいました、かんき出版の鎌田菜央美さんに心より感謝申し上げます。

最後に読者のみなさまに、この本のコアメッセージをお送りしたいと思います。

「**安全性を担保すれば、会社は簡単にはつぶれない**」

2024年3月　松岡 靖浩

【著者紹介】
松岡　靖浩（まつおか・やすひろ）
◉——松岡靖浩税理士事務所 代表。1967年東京生まれ。1990年中央大学商学部会計学科卒業。1995年税理士試験合格。現在、東京税理士会板橋支部所属。
◉——税理士として決算書を作成する一方、ノンバンクの役員としては証券会社や公認会計士から送られてくる決算書を確認。粉飾決算、税金・社会保険の滞納、隠れ負債がないか、決算書の裏の裏まで知り尽くしたプロ。
◉——一貫して「倒産はさせない」をモットーに、現場一筋33年、500社以上の経営サポートを行う。銀行交渉、ノンバンクを利用、弁護士を利用しない企業再生の専門家。１億円の債務超過、税金滞納4000万円でも通常の銀行取引に戻してきた。本書が初の著書となる。

会社《かいしゃ》をつぶさない社長《しゃちょう》の選択《せんたく》

2024年３月４日　第１刷発行
2024年４月23日　第２刷発行

著　者——松岡　靖浩
発行者——齊藤　龍男
発行所——株式会社かんき出版
東京都千代田区麹町4-1-4 西脇ビル　〒102-0083
電話　営業部：03(3262)8011㈹　編集部：03(3262)8012㈹
FAX　03(3234)4421　振替　00100-2-62304
https://kanki-pub.co.jp/

印刷所——図書印刷株式会社

　ISBN978-4-7612-7726-0 C0034